すべてのひとにハッピーシニアライフを

――介護予防のパイオニア　イー・ライフ・グループの挑戦

イー・ライフ・グループ株式会社
代表取締役 小川 義行 著

JMP 日本医療企画

はじめに

「ご利用者の健康維持・改善を通じて、関わる人々の幸福を増進する」

これが「nagomi」が掲げている事業目的です。「心のこもったサービス」「あたたかい」「笑顔あふれる」「明るく」「楽しく」といった言葉を掲げることが多い介護サービス事業者のなかでは、かなり異色かもしれません。

リハビリデイサービス「nagomi」では、今までにない新しい形のデイサービスを確立し、今、一〇〇店舗展開に向けて大きく店舗数を増やしています。では、何がご利用者に支持されているのでしょうか――入浴、食事、レクリエーションの充実、リハビリのためのすばらしいトレーニングマシンの導入、それとも献身的で笑顔を絶やさないスタッフの忍耐と努力――どれも違います。むしろ、これらの介護業界の〝常識〟にとらわれずにきたことが、「nagomi」を大きくしてきたのです。

「nagomi」では、食事も入浴も、レクリエーションも昼寝も行っていません。その代わり、ヨガなどのゆっくりした動きを取り入れた運動、機能回復のためのエクササイズ、セルフケアを組み合わせた一回三時間一五分のプログラムを用意し、午前と午後にご利用者を替えて一回ずつ行っています。定員も一五名までであり、一般のデイサービスに比べると小規模です。また、営業は月曜から金曜までの週五日だけで土日は休みです。ゴールデンウィーク、お盆、お正月も休んでいます。

とはいえ、「nagomi」も最初から現在のスタイルであったわけではありません。二〇〇四年八月三日に初めて開設したデイサービスは、定員二五名、一年三六五日朝一〇時から夕方四時まで営業し、ほかの多くのデイサービスと同じように、食事、入浴、レクリエーション、昼寝を行いました。どこにでもあるデイサービスの一つでした。

しかし、私は、そのデイサービスを続けるなかで、はたしてこれが本当にご利用者の役に立っているのか、ご利用者の健康の維持や改善につながり、幸福にしているのか、どこか違うのではないか、という思いにとらわれ、違和感を拭うことができなくなっていったのです。そして何をするべきか模索を続けた結果、ご利用者の潜在的なニーズに気づきました。

一言で「高齢者」や「シニア」といっても、身体の状態は多様で、それぞれのご利用者によってニーズもさまざまです。多くの方は、加齢や疾患により身体の機能が低下したからといって、誰かに何から何までやってほしいと思ってはいません。むしろ、自力で立ったり座ったりすること、一人で歩いてトイレに行き、自分で家事などができることを願っています。しかし、こうした願いに応える環境は、当時はまったくありませんでした。

そのニーズに応えた新しいデイサービスのスタイルを求めて試行錯誤した結果、たどりついたのが現在行っている機能訓練特化型のデイサービスです。

今ではこうしたスタイルは珍しくなくなってきたかもしれませんが、私が始めた当初は、介護業界の関係者にも行政にもまったく理解されませんでした。

しかし、実際にご利用者からは、「杖がなくても歩けるようになりました」「腕が背中に回るようになり、自分で背中が洗えるようになりました」「家事ができるようになりました」「長時間歩いても疲れにくくなりました」といった喜びの声がたくさん寄せられました。その声が得られたからこそ、自分の進む道が間違っていないという信念をもって進むことができたのです。次第にその効果は関係者にも行政にも認められていき、最近では、地域のケアマネジャーさんから新しい店舗のオープンを期待していただけるまでに認知されるようになっています。

さらに、「nagomi」の機能訓練によって要介護度の悪化を防止することで、一人当たり年間四三万五〇〇〇円もの介護給付費の抑制効果があることがわかりました。

また、「nagomi」のスタッフに対しては、年間一一四日前後の休日がとれるようにしただけでなく、業界水準より約二〇%高い給与を実現しました。看護師を除くスタッフは一〇〇%正規雇用で、正社員率が七五%、離職率は五%以下という環境を整えることができました。

冒頭に掲げた「ご利用者の健康維持・改善を通じて、関わる人々の幸福を増進する」という「nagomi」の事業目的が表現しているのは、まさに私の信念そのものです。つまり、ご利用者には根源的なニーズである「健康」を提供して満足していただく、そのことが社会保障費を抑制し社会全体にとって有益である、さらに、スタッフも「志事」を通じて充実感を得るという、関わる人すべてが幸せになるというものです。介護業界ではなされていなかったこうした環境づくりになぜ「nagomi」は成功したのか、私たちが目指すものとは何なのか、本書を通じて知ってもらうことで、介護の世界に新しい流れを作ることができればと願っています。

すべてのひとにハッピーシニアライフを

―目次―

目次

すべてのひとにハッピーシニアライフを

はじめに 1

第1章 新しい「介護」のスタイルを創造する 11

カジュアルな空間「nagomi」 12
六〇分じっくり時間をかけるストレッチヨガ 18
ストレッチ、エクササイズ、コミュニケーションの三時間一五分 22
トレーニングの二つの特徴 27
全国どこでも同じ質の運動を 29
エクササイズの効果を重視 34
「nagomi」のご利用者は平均年齢が低く、男性の割合が多い 36
デザイン性と機能性を追求 38
介護経験者にこだわらない人材採用 41
スタッフのやりがいに 43
人生の第四コーナーを輝かせるために 46
メッセージ①　香取　幹（株式会社やさしい手　代表取締役社長） 50

第2章

機能維持・改善を目指すシニアフィットネス 53

サービスの約三分の二の時間を機能訓練に 54
機能訓練プログラムの開発のために 56
理想の理学療法士との出会い 57
小さく始めることで結果的に可動域が大きくなる 60
「さする」ことで傷ついた神経が回復する 63
副交感神経の働きを活発にする「ここちヨガ®」 65
季節ごとに動きが変わるシーズンストレッチ 68
休憩はコミュニケーションの時間 70
グループダイナミクス効果 73
人として見、人として接する 74
月に一度の体力測定 77
第三者評価で証明された効果 82
スタッフの想像力を養う 91
すべての人の身体機能は低下していく 92
致命的な事故を減らすための機能訓練 94

いくつになっても人は自由が欲しい 97

第3章
徹底した「標準化モデル」の実現 99

起業——シニアのニーズを追い求めて 100
マネジメントが欠落した現場 103
「なぜ」から「ニーズ」の追求へ 104
シニアの元気を通じたビジネスの成功事例 107
改正介護保険制度における「介護予防」導入 109
エリアマーケティングでファーストワンを目指す 112
機能訓練特化型リハビリデイサービス「nagomi」誕生 114
ご利用者、行政、スタッフの不満と不安 117
どん底からのV字回復——理念だけが最後に残る 119
「nagomi」は三方よしのビジネスモデル 122
運動プログラムの標準化を初めて実現 124
徹底した標準化と再現性を確保 127
メッセージ② 嶋田悟志（株式会社ピュアホームズ 代表取締役社長） 130

第4章

ライセンス制を展開 介護予防事業のさらなる拡大へ

一気通貫のビジネスモデル設計 133
全国ファーストワン戦略、地域ナンバーワン戦略 134
本部マネジメント機能の強化 135
意欲のある人が伸びる人材教育 138
人物本位で新卒、第二新卒を積極的に採用 141
加盟店の五〇%以上は介護関連業者 146
標準化で実現した高品質・ローコストの店舗開発 149
数値で測るプログラムの成果——共同研究と経験則 152
ボトムアップのマネジメントシステム 153
店舗営業の徹底したマニュアル化 155
フランチャイズからライセンス制へ 157
おわりに 159

第1章

新しい「介護」のスタイルを創造する

To create a new style

カジュアルな空間「nagomi」

「大きく息を吸ってー……吐いてー……お腹に意識を集中させましょう。身体はまっすぐになっていますか?」

「腕をつま先に向かってぐーっと伸ばしましょう。痛くない、気持ちよい程度に……」

壁際に並べられたヨガマットに長座位（足を前へ伸ばして座る）のご利用者を見まわしながら、インストラクターが声かけをしていきます。照明を絞り心地よい音楽が流れる室内には、どこかゆったりとした空気が流れています。ご利用者のなかには、手本を示しているインストラクターと同じ動きができない人もいますが、「無理をせず、痛くない程度に」「長座位が無理な人はあぐらをかきましょう」とほどよいタイミングで声がかけられます。

音楽がゆっくりと消えてストレッチが終わり、「お疲れさまでした」とインストラクターの声がかかると、ＢＧＭが変わり室内がぐっと明るくなります。一五名のご利用者はスタッフに見守られながら窓際のソファに移り、次のプログラムの準備

カフェや美容院のような外観「nagomi」（千川店）

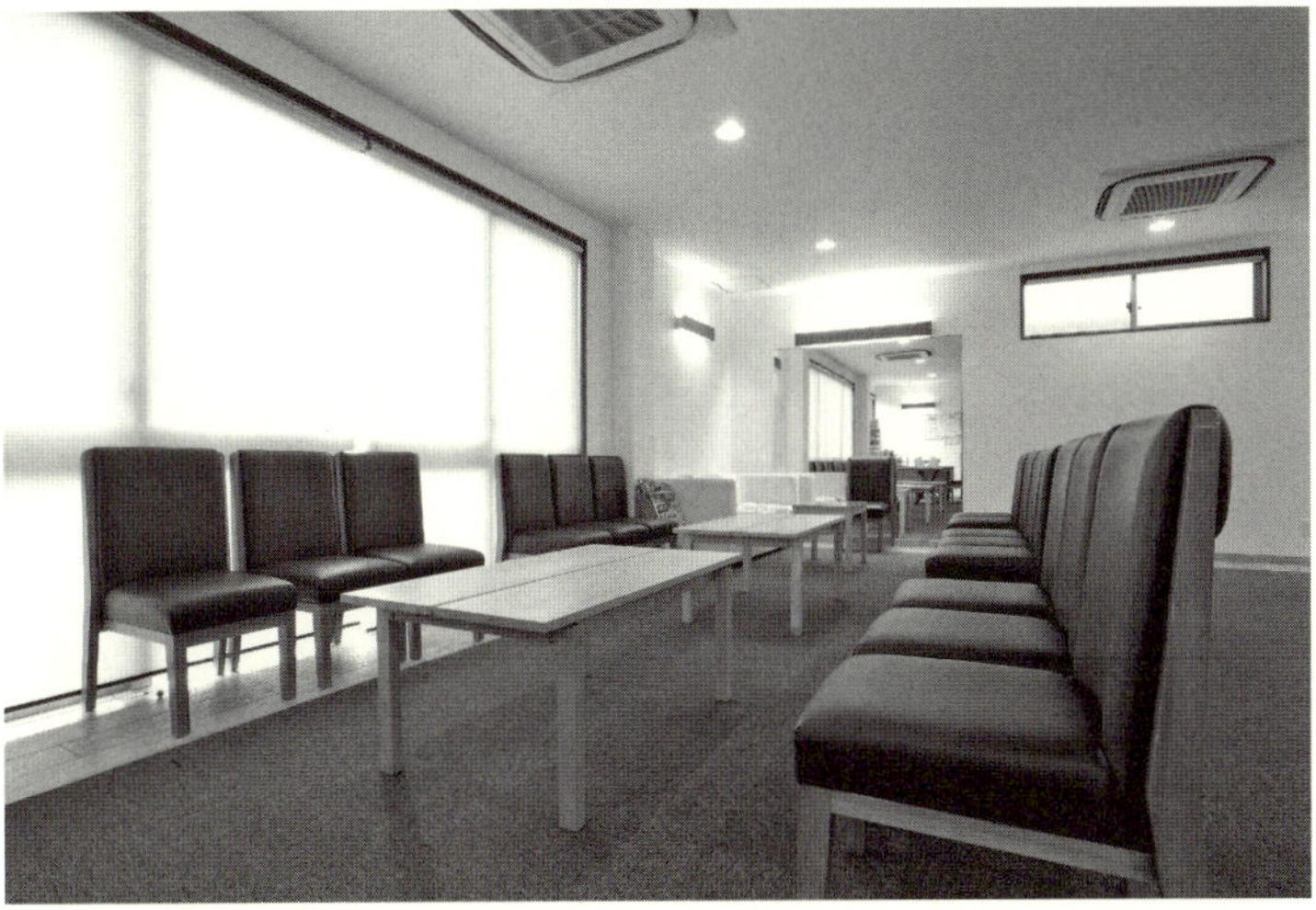

スタイリッシュで落ち着いた雰囲気の室内

をするスタッフ、お茶を入れるスタッフが行き交います。
「○○さん、今日はずいぶんはりきっとったね」「あんた先週は来なかったけど大丈夫だったんかね」とご利用者同士の会話がはずみ、一転してにぎやかな雰囲気に包まれていきました。

――一日の乗降者数が二〇〇万人を超え、通勤者や通学者などで賑わう池袋駅からわずか二駅とは思えない閑静な住宅地の一角にある、「nagomi」千川店の光景です。

木調のシックな壁と大きなガラス窓のファザードに、シンボルカラーのグリーンを基調とした「nagomi」の小さなロゴがカジュアル感をかもし出しています。室内に入ると、壁は落ち着きのあるクリーム色、床は私が「nagomiカラー」と呼んでいるアースカラーを採用しています。

おしゃれな間接照明やアップテンポの洋楽のBGMなど、室内の様子もカジュアルさを意識したものになっています。

道行く人は、おそらくカフェか美容室だと思っているのではないでしょうか。しかし、ここは加齢や脳血管疾患（脳卒中）によって低下した身体機能の維持・改善を目的とするリハビリに特化したデイサービスなのです。

インストラクターの声に合わせて呼吸を整えるご利用者

機能訓練プログラムに沿って行われる運動

「nagomi」（千川店）スタッフ

一つの店舗の面積は決して広くなく、入浴設備も厨房もありません。お茶を入れるための小さなキッチンと、具合が悪くなった際に休めるように部屋の隅にベッドが一つ設えてあるだけです。後は一五名のご利用者が安全に運動できるようにスペースを十分にとったカーペット敷きの空間が広がり、窓側には休憩用のソファとテーブル、壁側にはプログラムで使うゴムバンドやボール、ヨガマットが備え付けられています。

この空間を切り盛りするスタッフは四名。施設長、生活相談員、インストラクター、看護師が一人ずつです。「nagomi」はどの店舗でもこの人数構成は同じで、四名で一回のプログラムにつき一五名のご利用

シンプルで整然とした入り口

者に対応しています。施設長と生活相談員は白い襟付きのオックスフォードシャツ、インストラクターと看護師は鮮やかな緑のトレーニングウェアを着て、決して「介護サービスが提供されている場所」には見えません。

デイサービスとしては、あらゆる面で少し変わっていると思います。しかし、機能訓練プログラムはもちろん、外観や内装に至るまで、それらは私たちが紆余曲折しながら作り上げてきたものであり、そこには工夫と科学的根拠（エビデンス）がつまっているのです。それについては後述するとして、まずは「nagomi」の一日の流れを順を追ってご説明したいと思います。

六〇分じっくり時間をかけるストレッチヨガ

「おはようございます。『nagomi』千川店です。今日は体調はいかがですか?」

「nagomi」の一日は、その日にサービスを利用する人たちへのスタッフの電話から始まります。送迎に向かうスタッフは、施設長と生活相談員の二人。それぞれがその日の送迎を担当する一人ひとりのご利用者に電話をかけ、出欠の確認と送迎車の到着時間を連絡していきます。

「はい、それでは八時四〇分に伺いますね」

「お風邪ですか。今日は無理そうでしょうか、来週の火曜なら空いていますけれど、来られますか」

急な用事や体調不良などで欠席となる場合には、他の曜日への振り替えを促します。

電話連絡が終わると、インストラクターも合流して三人で朝礼を行います。理念の唱和、前日の報告、ご利用者の出欠、連絡事項などを手早く確認します。八時に送迎に出発し、九時少し前には、ご利用者が到着します。「nagomi」では、送迎範

当日のスケジュールをご利用者へ伝えるスタッフ

囲は原則として車で三〇分圏内で、都市部であれば半径二〜二・五キロメートルです。一方、自分で歩いてきたり、自転車で訪れるご利用者も珍しくありません。

到着すると、まず最初の三〇分間は、緑茶やコーヒー、紅茶などを飲みながらスタッフと歓談し、身体を休め、リラックスしていただきます。その間に看護師によって全員の脈拍と血圧の測定、体調の聞き取りなどのバイタルチェックが行われます。冬場にはうがいやアルコールによる手洗いなどをお願いすることもあります。

「今週は、梅こぶ茶も用意してありますよ」

「次は〇〇〇さん、血圧を測りますよ」

「今日は血圧が高いって言われちゃったよ」

あちらこちらで声が飛び交い、にぎやかに準備が行われます。

歓談が一段落したら、その日のトピックスやメニューを確認した後、プログラムが始まります。

室内の照明をすこし暗くし、心地よい静かな音楽が流れます。ご利用者は床に敷いたマットの上に横になり、インストラクターの声に従ってゆっくり身体を動かし始めます。

「腕をつま先に向かって伸ばします。痛くない程度に……」

「おへその下を意識しながら息をゆっくり吐いていきます……」

ゆったりした声かけで深い呼吸を促しながら、筋肉全体をほぐし、血行をよくします。さらに、首、肩、肘、腰、膝などの可動域を拡張する体操を六〇分かけてじっくり行います。体操は季節ごとに変えており、暑さや寒さから問題が起こりやすい部位がほぐれるようにすると同時に、ご利用者が飽きないように工夫しています。

また、ご利用者のなかには床に座ることが困難な方もいますから、イスに座ったままでもできるプログラムも用意し、無理なく一緒に取り組めるようにしています。

60分かけてヨガを行い、じっくり筋肉をほぐしていく

静かな音楽とともにストレッチを行う「ここちヨガ®」

これはあくまでもストレッチ体操を中心とした準備運動で、ゆったり、無理をせずに、自分のペースで行うことが重要です。「nagomi」では、これらのプログラムを「ここちヨガ®」と呼んでいます。

一般的には激しい運動のほうが効果があると思われる人もいると思いますが、実際にはこうしたゆっくりした運動のほうが高い効果があるのです。三時間一五分のサービスのうちの一時間を「ここちヨガ®」にあてているところに、「nagomi」の特徴の一つがあるといっていいでしょう。

「ここちヨガ®」が終了するころにはすっかり身体が温まり、誰もが汗ばむくらいになっています。二〇分間の休憩タイムでは、水分を補給しながら、インストラクター、看護師、スタッフやほかのご利用者とのコミュニケーションを楽しみます。看護師の判断で、再度血圧測定などのバイタルチェックも行っていきます。

ストレッチ、エクササイズ、コミュニケーションの三時間一五分

休憩の後は、イスを車座に並べ座って行うエクササイズ「イスdeエクササイズ」

を始めます。一転してアップテンポの洋楽が流れ、リズミカルに手足を動かし身体をひねります。

「足を上げてー、前、後、横、後」

「今度は手の動きも合わせてみましょう！　手を開いて……」

簡単な動きを繰り返しながら、徐々に複雑な動きへと移ったり、ミニボールや帯状のゴムを用いたりと、六パターンのエクササイズを用意しています。イスに座ったままとはいえかなりの運動量で、右手左手が逆に出ているご利用者がインストラクターの声かけに懸命になるといったこともしばしば。一気に身体が活性化する三〇分間です。このプログラムは、特に日常生活動作（ＡＤＬ）を高めるための筋力トレーニングになっています。

その後、もう一度二〇分間の休憩（水分補給）をとってから、三五分間のセルフケアに移ります。セルフケアとは自宅でひとりでもできるトレーニングのことです。なぜ、セルフケアをプログラムに入れているかというと、多くのご利用者の場合、「nagomi」の利用は週に一～二回なので、その他の日にも自分でトレーニングをできるようにすることで、より効果を高めるためです。飽きないように毎月プロ

身体がほぐれた後のティータイムで会話もはずむ

休憩後に行うイスを使用したリズミカルな運動

グラムを更新していますが、長く通っているご利用者のなかには、イスに座ると指示を待つまでもなくセルフケアの動きを始めてしまう人もいます。

これらのエクササイズは、人命をお預かりして行っていることであることから、そのリスク管理には万全の注意を払っています。運動中に、体調が悪化しても迅速に対応できるように、ご利用者の持病や生活の様子、性格などをよく知っている看護師が常に部屋のなかに待機しており、頑張りすぎてしまうご利用者がいないかなど注意しながら見守っています。さらに、各店舗では必ず最寄りの消防署とホットラインを結んでおり、ＡＥＤ（自動体外式除細動器）を設置しています。施設長とインストラクターは救命講習を受けており、店舗スタッフのうち看護師を含めた三人が心肺蘇生法およびＡＥＤの操作ができる体制を整えています。

すべての機能訓練プログラムが終了すると、看護師からご利用者一人ひとりにその日のバイタルチェックを記入したトレーニングファイル（個人データファイル）を手渡しします。トレーニングファイルは利用のたびに持ってきてもらい、「nagomi」に到着した際に預かり、記入したものを帰りに返しています。これは、体調の変化をご利用者本人だけでなく、家族の人たちにも知ってもらうことが介護予防の第一歩になると考えているからです。すべてのプログラムが終了すると、送迎車でご利用者を送りします。

このような到着から終了まで三時間一五分のプログラムを表1－1のようなスケジュールで午前の部と午後の部で一回ずつ、一日二回行っています。午後の部の終了は五時。送迎や掃除が終わるとだいたい六時くらいになります。最後の終礼では、一日の振り返り、ご利用者の体調や欠席者の理由の確認、気になったことなどの情報共有、翌日の課題を確認し、すべ

■表1-1　リハビリデイサービス　タイムスケジュール

午前の部	午後の部	
8：30～8：55	1：15～1：40	送迎
9：00～9：30	1：45～2：15	お茶を飲みながら 歓談＆バイタルチェック メニュー発表
9：30～10：30	2：15～3：15	ここちヨガ®（体をほぐし、 可動域を広げる体操など）
10：30～10：50	3：15～3：35	休憩＆水分補給等
10：50～11：20	3：35～4：05	イスdeエクササイズ （音楽に合わせた体操）
11：20～11：40	4：05～4：25	休憩＆水分補給等
11：40～12：15	4：25～5：00	セルフケア （自宅でもできる運動メニュー）
12：15～12：45	5：00～5：30	送迎

＊ただし、月初は体力測定を行う関係で、時間が変更になることがあります。

ての業務が終わります。

トレーニングの二つの特徴

タイムスケジュールを見ていただければわかるように、「nagomi」の最大の特徴は機能訓練に特化している点です。最近は機能訓練だけを行う同じようなデイサービスも増えてきましたが、「nagomi」には他事業所とは大きな違いがあります。

一つは、マシンを使わずに、ストレッチおよび自体重負荷（自分自身の重さを利用する）中心の筋力トレーニングを行っているということです。なぜなら、ご利用者の身体状態を考慮するとマシンは使えないからです。ご利用者のなかには脳血管疾患（脳卒中）で入院し、退院後まだ麻痺が残っている状態で「nagomi」に来る人もたくさんいます。麻痺のリハビリは退院後すぐから長いスパンで考える必要があり、それらの各ステージで「nagomi」はお手伝いをしていくことになります。こうした人たちの状態に合わせたリハビリをしていくためには、ある一方向の動きしかできないマシンを使ったトレーニングは適さないのです。

さらにいえば、マシンを使用した経験がある人は理解しやすいと思いますが、よほど明確な目標とモチベーションがない限り、継続しないのです。なぜなら、マシン運動は最終的には自分との闘いになるからです。慢性疾患になったご利用者にとって過酷な運動を続けることは、辛いことではないでしょうか。介護施設などで運動マシンを導入しているところはいくつもありますが、ご利用者よりもスタッフのほうが熱心に使っているという笑えない話もあるくらいです。

そのため、「nagomi」ではマシンによるトレーニングは行わず、一時間のストレッチ、三〇分間のイスに座った筋力トレーニングといったストレッチおよび自体重負荷を中心とした筋力トレーニングを行ってプログラムの効果が上がるようにしています。これは、事故が起こるのを防ぐためにも大切なことです。

「nagomi」の機能訓練のもう一つの特徴は、日常生活動作（ADL）を「歩行」「正しい姿勢の保持」「立ち座り」「手の動き」という四つの基本的な動きに分解してとらえ、科学的根拠に基づいた運動を通してこれらの動作に使う筋力の向上を目指していることです。日常生活動作（ADL）というのは、食事や排泄、更衣、整容、移動、入浴など、日常生活を営む上で普通に行っている行為や行動のことで、これらの機能を維持するということは、大きな事故や寝たきりにつながりやすい転倒の防止になるため、非常に重要だと考えています。しかし、これらの行動は複雑ないくつもの動作が合わさっているものであり、デイサービスでそれを分析して、具体的なトレーニングの内容を組み立てて提供するのは難しいと考えました。そこで、四項目に分けてわかりやすくし、それぞれの動きに必要な筋力を鍛えるプログラムを行っているのです。

全国どこでも同じ質の運動を

マシンを使わない機能訓練プログラムを作る時には、フィットネスクラブのレッスン型エクササイズを参考にしたのですが、その際にとても重要なことに気づきました。フィットネスクラブに行ったことがある人ならわかると思いますが、人気のあるインストラクターのところにはたくさんの生徒が集まりますが、人気のないインストラクターのところには人がほとんどいないということです。どうしてこのような差が生まれてしまうのでしょうか。

フィットネスクラブのインストラクターの仕事を分析したところ、大きな仕事は二つ、プログラム開発と生徒とのコミュニケーションだということがわかりました。そこで「nagomi」の戦略として、インストラクターにはご利用者とのコミュニケーションに専念してもらい、プログラム開発は本部で科学的根拠に基づいたものを一括して開発することにしました。インストラクターにはこのプログラムを覚えてもらい、ご利用者に指導するようにしました。これはつまり、ラジオ体操と同じ考え方でプログラムが作られているということです。ラジオ体操は個々人の運動神経によって多少の違いはあるにしても、誰にでもできますし、誰がやっても動きはそれほど変わりません。つまり、属人的ではあるけれどある特定の個人に依存しないパッケージモデルにしたことで、「nagomi」であれば、全国どこに行っても同じ質の運動ができるようにしたのです。結果、インストラクターによってご利用者の満足度に差が出ないようなモデルにする

DVDで学習した機能訓練プログラムを実践するインストラクター

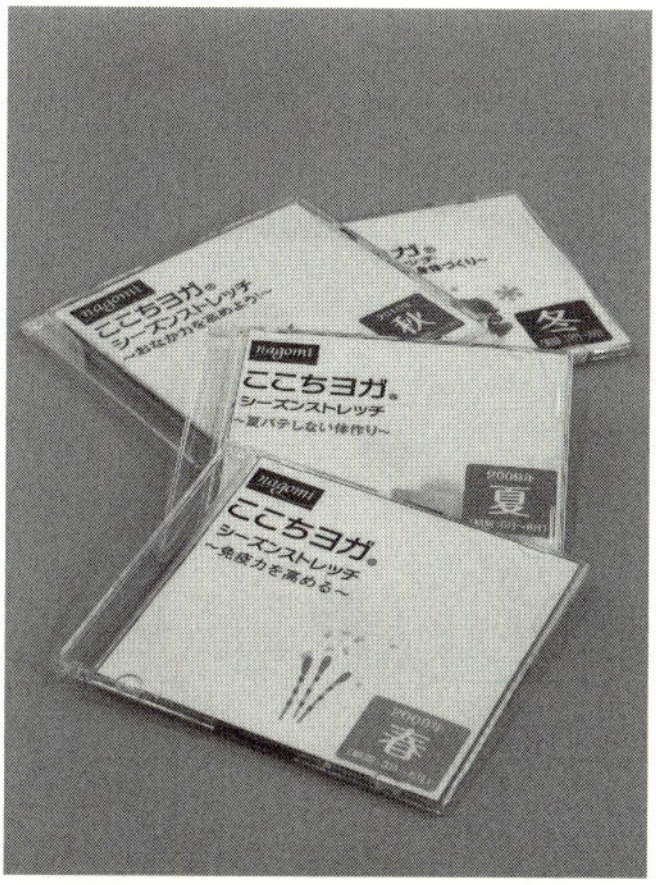

本部で開発・作成した機能訓練プログラムが収録されたDVD

ことができました。

そして、この運動の成果を科学的に測るため、ご利用者の健康維持・改善をデータ化し、数値による指標も作っています。指標には次の三つがあります。

一つ目は要介護度です。ご利用者はいうまでもなく全員が要介護認定者です。その要介護度を悪化させず、できるだけ長く維持しましょうというのが一番目の指標です。要介護認定は六か月、一二か月で見直しがされていきますから、これは中長期的な指標として使うことができます。

二つ目は毎月一回実施している体力測定です。月初めにご利用者全員を対象に、体重、柔軟性、歩行などを測定し、その経過を評価しています。

三つ目は、ご利用者が運動する前に必ず行っているバイタルチェックです。

これらのデータから分析したことの一部を紹介すると、六か月間利用した人の九%が改善、七一%が維持という結果が出ており、八割の人に効果が出ていることがわかります。さらに、一年間継続した人のデータを見ると、一六％が改善、六四％が維持しており、効果が見られたのは同じく八割の人です。ご利用者の多くは何もしなければ日々体力が低下していく可能性が高いと考えられますから、維持していることだけでも大変な成果と言えるでしょう。さらに、長期継続した人で改善した人が増えていることは注目に値すると思います。

ただし、私たちは必ずしも改善を目指しているわけではありません。意識的に改善させようとすれば、必ずオーバーワークになり、逆効果になりかねないからです。ご利用者が持っている機能・能力を低下させないこと、維持させて日常生活動作（ＡＤＬ）を高めていくことこそが第一だと考えています。

そして、これらのデータや数値によってわかる健康維持・改善をご利用者と私たちがお互いに認識できるようにもしています。

例えば、ご利用者にわかりやすい形でフィードバックする取り組みとして、月に一度配布している月刊の情報紙「nagomi Express」では、身体機能の維持・改善にがんばっているご利用者を取り上げるコーナーを設けています。「nagomi」を利用するようになるまでの背景、普段のトレーニングの様子や効果などを紹介することで、ご利用者の意欲を高めています。

■図1-1　「nagomi」機能訓練プログラムの効果

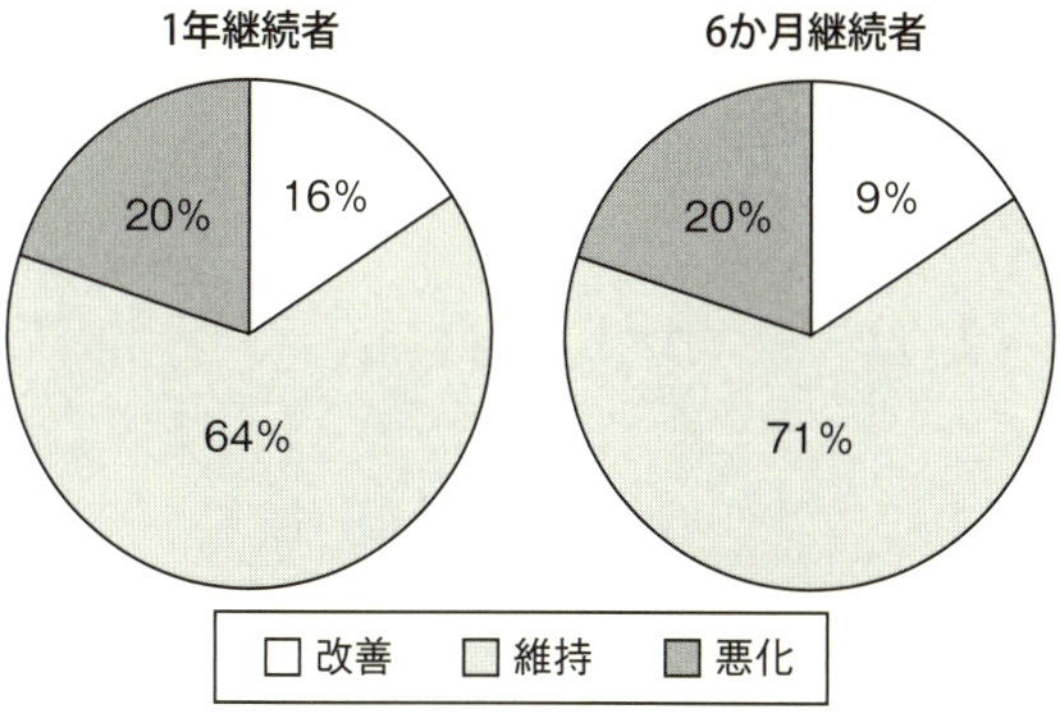

■図1-2　「nagomi Express」6月号（2010年）

リハビリデイサービスnagomiが皆様にお届けする情報紙　【毎月1日発行】

2010 6 June

nagomi Express

5月で1周年を迎えました！
リハビリデイサービスnagomi光が丘店（平成21年5月開業）
〒179-0073　東京都練馬区田柄3-16-19
私たちはご利用者の心も体も元気にさせたいと常に願っています。
ご利用者の元気は、まさにスタッフの元気になっています。

握力が向上し、趣味のそば打ちに専念できるようになりました！【nagomi光が丘店 O様】79歳・要介護2／平成21年5月からご利用

約1年半年前に脳出血を起こし、その後遺症から左半身麻痺となってしまったO様。握力も低下し、生きがいだった趣味も満足に出来なくなってしまったそうです。

私は長年、高齢者や女性でも簡単に出来るそば打ちを研究し、指導や試食会を行うことが生きがいとなっていました。それが脳出血をしてからと言うもの、自分の満足できるそばが打てなくなり悔しい日々の連続でした。諦めきれない私は、nagomiに通い運動を続け、自分の生きがいを取り戻そうと決めたのです。
正直こんなことで？と思っていたセルフケアでしたが、徐々に手先の動きがスムーズになっていくのを感じ、家でも継続して行っています。
今では握力も向上し、以前のようにそばが打てるようになりました！今後もnagomiで運動を続け、自分の生み出したそば打ちを多くの人に普及させていきたいを思っています。

【セルフケア】
～上肢機能を高める～

O様のような脳疾患による握力低下の改善に必要なことはまず、機能が低下しているマヒ側の神経に刺激を与えることです。脳からの伝達機能が改善されることにより、可動を広げ、各部の筋力向上にもつながります。
セルフケアの「上肢機能を高める」では、単純に筋力を鍛えることにとどまらず、身体機能の根本へアプローチし、握力向上を目指します。

nagomi
お問い合わせはお近くのリハビリデイサービスnagomi各施設へ
nagomiの施設情報は、
http://www.my-nagomi.com

エクササイズの効果を重視

ここまで述べてきたように、「nagomi」では機能訓練プログラムの科学的根拠、数値による効果の明確化を重視しています。詳細データは第2章に掲載していますが、そのサンプル数は膨大な量になっています。

厚生労働省老健局が二〇〇八年一二月一八日に発表したデータによれば、日本では今、要介護認定者の五〇%の人の要介護度が一年間で悪化しています。これは、介護の現場で、身体が弱っている高齢者がかわいそうだからやってあげよう、万が一、転倒してケガをしたら問題になるから、ひとりで歩いてもらうよりは手を貸してあげたほうが安心だ、という過剰な介護がしばしば行われていることも原因の一つではないでしょうか。そうした善意にあふれた心は大切ですが、過保護になりすぎると、本当の意味でご利用者本人のためにならないこともあります。

私は、極論すれば、笑顔があふれ、明るく、楽しい雰囲気ではあるけれど、要介護度が悪化するのをとめられず廃用症候群（身体を動かさないことによって生じる心身の障害）に陥っていくような場所であるよりは、たとえご利用者にとって楽しくなかったとしても、「『nagomi』に行くと元気になれる」「『nagomi』に行かけなければ元気になれない」「だから行くのだ」という場所に「nagomi」をしたいと考えています。ご利用者にとって「nagomi」に来ることがつまらなかったとしても、通い続けてもらえる場所でありたいと思っています。

「nagomi」には花見や盆踊り、敬老の日、クリスマスといったイベントもありません。なぜなら、「nagomi」で行うよりも、元気になって友人や家族と一緒に行っていただきたい、元気になって昔のような生活を取り戻してほしい、それが「nagomi」のスタッフの願いだからです。

もちろん、「nagomi」の本質はあくまでも、運動を通じたコミュニティー事業であり、運動とコミュニケーションは一心同体であり、両者によって相乗効果を出すものなので、コミュニケーションも大切にしています。

実際に、「nagomi」では、送迎や休憩時間の会話を通してご利用者同士が親しくなっていきます。「nagomi」で出会った人たちが一緒に買い物や旅行に出かけるというのは珍しいことではありません。

「nagomi」のご利用者は平均年齢が低く、男性の割合が多い

現在、「nagomi」のご利用者は七五歳～八四歳が半分以上を占め、二割弱の人が六五～七四歳となっています。他のデイサービスよりは平均年齢で一〇歳程度若いでしょう。その理由の一つは、四〇歳～六四歳までの第二号被保険者が他のデイサービスよりも多く、もっとも多い店舗では八～九％を占めているからです。

また、要介護認定を受けた人の原因を調べたデータ（厚生労働省「平成一九年国民生活基礎調査」）によると、一位は脳血管疾患（脳卒中）で、約二三％を占めています。認知症が一四％で二位ですから、いかに脳血管疾患（脳卒中）の人が多いかがわかります。しかも、食事の欧米化などにより低年齢化が進んでいます。

今後、四〇代、五〇代、六〇代の人にこうした疾患が増えていくのは間違いないでしょう。そして脳血管疾患（脳卒中）になってリハビリが必要になる人の多くは、現行の制度では病院を退院してもその後行くところがありません。そのため、「nagomi」に来ている人が多いのです。リハビリを通じて日常生活動作（ＡＤＬ）が改善する余地がある人は可能なかぎり受け入れています。脳血管疾患（脳卒中）

■図1-3　「nagomi」ご利用者の属性

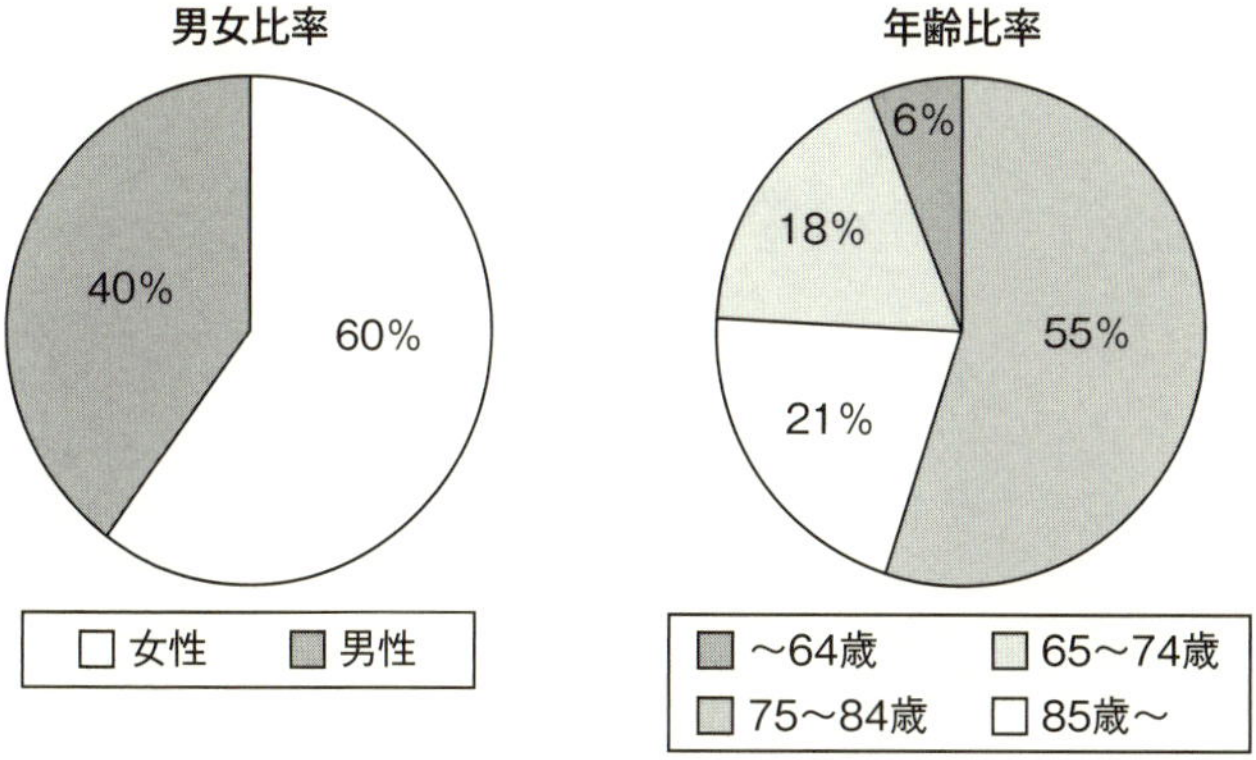

で麻痺などの障害が残った人がリハビリを習慣化することができれば、ある程度まで身体機能が回復することが多いことがわかっていますが、スタッフが善意でなんでも手を貸してしまうと逆効果になってしまうことから、「介護予防」は、「介護」とは別の専門性が必要な分野の一つだと考えます。

もう一つ「nagomi」のご利用者の大きな特徴は、約四〇％が男性だということです。一般的に高齢になると女性のほうが圧倒的に多いのですが、「nagomi」ではご利用者の平均年齢が若いので、男性が多くなっているのでしょう。また、先述のように多くの脳血管疾患（脳卒中）の既往症の人に「nagomi」を利用してもらっていますが、この疾患は特に男性に起こり

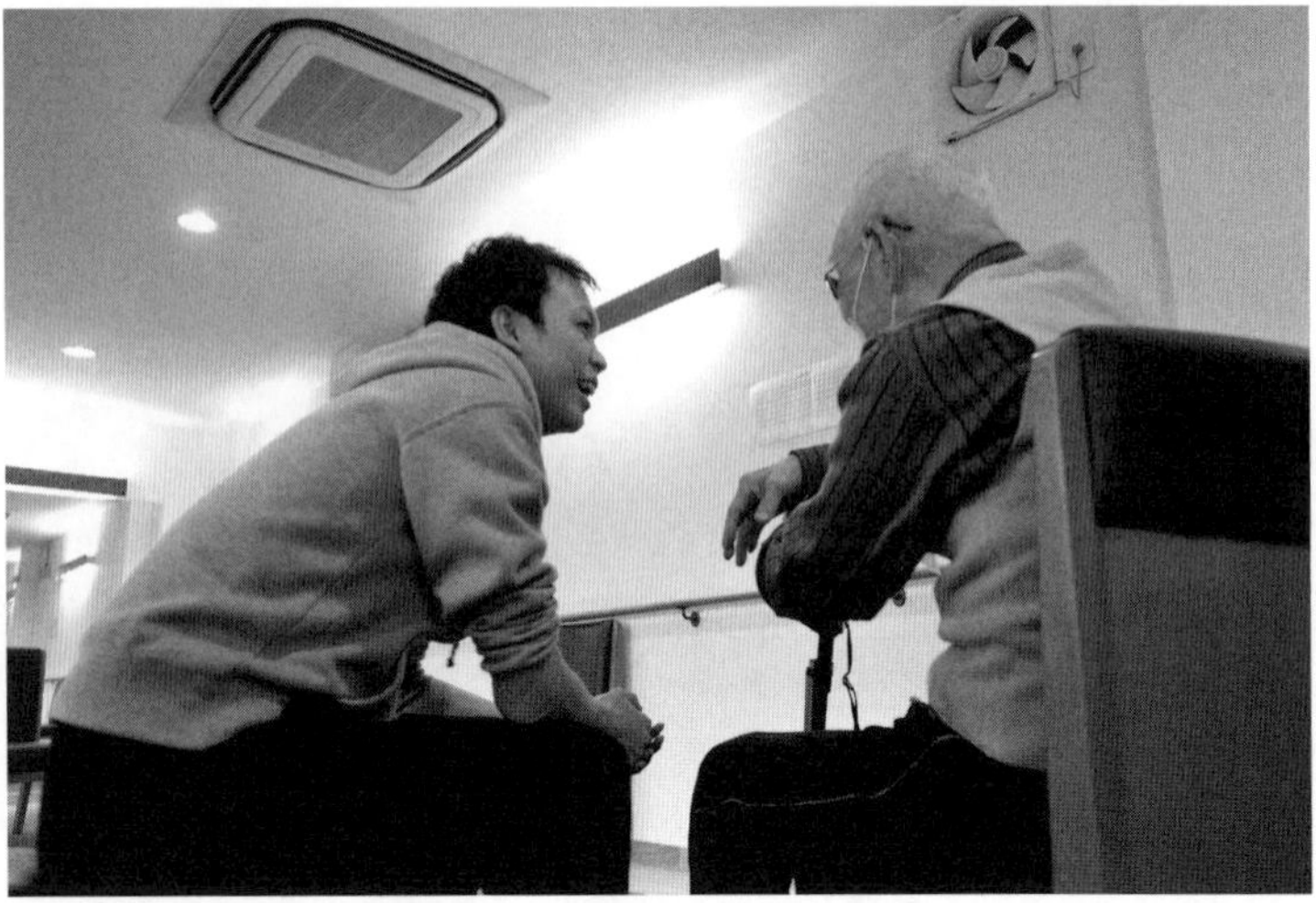
インストラクター（左）と話が盛り上がるご利用者（右）

やすいことも関係していると思われます。これらの要因以外にも、身体を動かしたり運動をするのならよいが、歌を歌ったりレクリエーションはしたくないという理由で「nagomi」に通ってくる男性もいます。

デザイン性と機能性を追求

一般的な介護施設やデイサービスでは、コンクリートの上にCFシートというビニール製のクッション性のある床材を張っているだけのことが多いのですが、「nagomi」の床は、コンクリートの上に束《つか》を入れて、あえて床を上げた作りにして、アースカラーのカーペット敷きにしています。これは、おしゃれなだけでなく、クッション性が高いので、万が一ご利用者が転倒したとしてもケガをしにくい構造になっています。また、この構造では床とコンクリートとの間に空気層ができるため、断熱効果があり、夏は涼しく、冬は暖かくなります。

また、照明はすべて間接照明にしています。これも、リラクゼーションや雰囲気づくりのためだけではありません。高齢になると白内障などの眼の病気にかかっている人が多くなります。白内障ではまぶしさを強く感じるという症状があり、室内の強い光に反応して思わず転倒してしまうような危険を避けるためでもあるのです。

「nagomi」では働くスタッフのユニフォームにも特徴があります。営業・事務が中心になる施設長や生活相談員は、カジュアル感を出しながら決して失礼にならないようにと襟付きのオックスフォードシャツとチノパンです。身体を動かすインストラクターと看護師はグリーンのトレーニングウェアを着てスポーティー感のあるスタイルです。

従来の介護スタッフのユニフォームというと、地味で淡い色のポロシャツが多いのですが、ご利用者が本当にこの色で清潔感や親密感を感じているのだろうかと疑問に思い、検討を重ね、現在のユニフォームに統一しました。

このように「nagomi」では、カジュアル感やスポーティー感、あるいはスタイリッシュで若々しい雰囲気を作るように心がけています。従来の「介護」をイメージから変えていきたいという思いから意識していることですが、それは単なるイメージだけに留まることではありません。これまで「介護」という業態が持ってきた「介護する側・介護される側」という図式が、実は多くのご利用者の心を傷つけ、必要なリハビリを受ける機会を奪い、時には残っていた機能を悪化させてしまっています。この現実を変えたいという私の強い信念を表現しているのです。

介護経験者にこだわらない人材採用

「nagomi」で働きはじめたスタッフの多くは、まず最初に「介護のイメージが変わった」と言います。「介護はやってあげるもの、面倒をみるもの、転ぶと危ないから危険をすべて取り除かなければいけない、そう思っていたが、本当は、本人ができることは自分でできるように、できなくならないように支えることが大事なのだとわかった」「身体が弱ってきても人に頼らず、できるだけ迷惑をかけずに生きたいと誰もが思っている」「介護業界はいまだに措置の時代を引きずっているのではないか」「ご利用者のニーズに合わせて、もっと細かく分化し、それぞれのご利用者が自分のニーズに合わせた場所を選べるようにすべきだ」「自分の力で介護の世界を変えたい」……。

スタッフには四〇代、五〇代の人もいますが、圧倒的に多いのは二〇代、三〇代です。介護経験にこだわらずに採用していますから、多くの人がまったくの異業種からの転職者です。思いつくままに挙げていけば、生協やスポーツ用品店のスタッフ、子ども向けサッカーのインストラクター、エステティシャン、ジムのトレーナー、スイミングスクールのコーチ、舞台役者、衣料品店のアルバイト店員、土産物販売店の店員、不動産賃貸物件仲介の営業職、製薬メーカーのＭＲ（医薬品情報担当者）、薬剤師、薬局などの事務職、医療事務職、システムエンジニア、飲食店店員……、ともかくさまざまな職業を経験した人が、「nagomi」の事業に取り組んでいます。新卒、第二新卒、子育て中の主婦、高齢者も積極的に受け入れています。

介護経験にこだわらないのは、経験があればあるほど、とかく手厚く対応しすぎてしまうからです。ご利用者が自分でできることまでも手伝ってしまうと、介護と介護予防との差がなくなってしまい、運動の効果をご利用者が実感できなくなるため、かえって逆効果です。「手をつながなくてもいいんですよ」と介護経験者に言うと全員が驚きます。手を出して支えるのではなく、見守って支えることが大事なのです。ご利用者の自立する心や誇りを大切にし、目的意識を明確にして、意欲を上手に引き出して、運動を続けていけば、ご利用者は「nagomi」を選び続けると確信しており、そうしたモデルを構築しているのです。

スタッフのやりがいに

「nagomi」の存在がご利用者に役立っていると実感できることは、スタッフのやりがいにもつながります。私をはじめ、「nagomi」スタッフの励みにもなっているご利用者の人たちを紹介します。

Aさんは妻と二人暮らしの七〇歳の男性で、五年前に突然四〇度の高熱を出しました。病院に行くと敗血症と診察され、一か月ほど入院。なんとか熱が下がり安定してから転院し、さらに四か月入院しました。身体はすっかりよくなりましたが、退院時には自力で歩くことができず、車イスに乗らなければ自宅に戻れないような状態でした。自宅に戻っても、立ち姿勢を保つことができず、這うようにして移動していました。

そこで、理学療法士による訪問のリハビリを週に一度、一時間ほど受け、毎日自分で一時間のセルフケアを三～四回続けました。徐々に体力が戻り、腰もよくなり、自力で歩けるまでに回復し、四か月ほど経った時には、理学療法士から「もう私でなくても大丈夫でしょう」と言われ、ケアマネジャーに「nagomi」を紹介されて通うようになったのです。

痛いのは腰だけで、普通のデイサービスに通うつもりはなかったそうです。「重い疾患の人と同じ場所で一日過ごしていると、憂うつな気分になってくる。『nagomi』には食事もレクリエーションもなく、機能訓練だけ。だから自分に合っている」とAさん。「nagomi」は週に一度のペースで十分なようで、あとは自宅で「nagomi」で習ったセルフケアを毎日行っているそうです。「『nagomi』に行くと、足が軽くなる」と言います。

脳血管疾患（脳卒中）で倒れ、左半身に後遺症が残ったBさんは七二歳。退院後に必死でリハビリを続けたことでなんとか車イス生活からは離れることができましたが、左の腕と足はどうしても思うように動かすことができませんでした。さらにリハビリが必要だと感じて、「nagomi」に通うようになりました。「nagomi」のエクササイズで使うゴムバンドは適度な大きさで、動きにくい左手にも十分な刺激を与えてくれるため、自宅でも同じような道具を使っているそうです。「左手が背中まで回るようになり、妻に洗ってもらっていた背中が自分で洗えるようになった」と言います。

Ｃさんは四九歳の時に自宅で夜中にイスから立ち上がった際に倒れました。すぐに救急車で運ばれ、脳血管疾患（脳卒中）だったことがわかりました。一か月は治療に専念しましたが、左半身に麻痺が残り、二か月目に入ると病院内でリハビリが始まりました。六か月の入院が終わり、退院時にケアマネジャーに紹介されて「nagomi」に通うようになりました。自宅でテレビや雑誌を見て過ごしていることが多く、特に真夏や真冬は外に出ることはほとんどないので、「nagomi」に通うことが唯一の外出となって、閉じこもりの防止にもなっているそうです。

Ｄさんは脳血管疾患（脳卒中）で四六歳の時に入院。退院後も通院して三年間リハビリを続けていました。通っていたデイサービスが廃業して以来、「nagomi」に来るようになりました。駐車場での移動はいつもはスタッフに支えてもらっていましたが、ある日、支えがなくても一人で行けるような気がして、足を踏み出したら本当に歩くことができ、それが自信につながったそうです。「以前に通っていたデイサービスでは、ストレッチ以外はなんでもスタッフがしてくれたけれど、「『nagomi』は『自分でできることは自分で』という方針だからよかったのだと思う」と言います。

加齢によって胸椎や腰椎が圧迫骨折したことで節々の痛みがひどいEさん（九〇歳）は、外出もままならず、家に閉じこもりがちでした。特に肩の関節痛がひどかったため、屈《かが》んだり重いものを持ったりできなくなり、自慢の庭は手入れができず荒れ放題に。それを見てますます気持ちもふさぎ気味でした。ケアマネジャーから「nagomi」を紹介され、通うようになりました。ヨガで身体をほぐし、エクササイズで足腰を鍛えることで、節々の痛みがやわらぎ、一五年間できなかった庭掃除が一人でできるようになりました。「最近は近くの公園まで散歩にも行っています」と喜んでいます。

こうした人たちのために「nagomi」は継続していくのです。

人生の第四コーナーを輝かせるために

介護保険制度がスタートしたのは二〇〇〇年四月でした。

その前年に私は介護の世界に入ったのですが、最初に思ったのは、なぜ、介護保険制度の基本理念があるにもかかわらず、経営者やスタッフにはそれを知らない人が多いのかということでした。「介護は人によって違う」と言われて、それぞれの人の主観で介護が行われていました。

確かにご利用者に対する接し方には、相手の身体や心の状態によって技術的な違いはあるでしょう。しかし、目的は同じはずなのに、日本には一〇〇のデイサービスがあれば一〇〇通りの「介護とは」という考え方があります。私が研修などの場で尋ねても、例えば、「介護とは最低限の生活を営むためのお手伝い」「介護とは客観的に分析して、ご利用者のありのままの姿に生きられるように相手の価値観に合わせて生活を支援すること」「不自由な箇所を保護する」「介護とは自立支援である」「健常者の生活に近づける手助けをすること」「必要としている人に対して、その人それぞれに合った手助けを行う」「人生を支える手伝いをすることで、より豊かな暮らしができるようにする」など、いろいろな答えが返ってきます。これらの各人が思い思いに考えた答えは、はたして正解なのでしょうか。

介護保険法が定めている介護とは、「その有する能力に応じ自立した日常生活を営むことができるよう、必要なサービスに係る給付を行う」です。これを踏まえた上で介護を追求することが、制度事業のなかで仕事をしている私たちの責任ではないでしょうか。この目的の意味を追求せずに、各人の価値基準、今までの経験や勘に頼って気持ちだけで介護を行ってしまうと、善意があっても歪《ゆが》んだ介護になってしまうのではないかと危惧します。

デイサービスやそのほかの介護サービス事業所を利用する人に、偶然に訪れる人はいません。

私たちは、ペットボトルのお茶を買おうとコンビニエンスストアやスーパーに行って、間違って、あるいは気が変わってジュースを買ってしまったり、買うつもりのなかったパンまで買ってしまうことがあります。しかし、間違って介護が必要になり、なんとなくという気持ちで介護サービスを受け続けているご利用者はいません。ご利用者にはその人がいま置かれている何らかの事情が必ずあり、ニーズがあるわけですから、そこをしっかりととらえなければ介護の仕事はできません。

多くの人たちが高齢期という人生の第四コーナーを生き抜くための介護を必要としています。私たちはご利用者の人生の第四コーナーを輝かせるために何ができるのか。「nagomi」は、そのために私が出した一つの結論だと言えるでしょう。

Message①

小川さんの「熱意」と「パワー」に圧倒されました！

株式会社やさしい手　代表取締役社長　香取　幹

私が小川さんと初めてお会いしたのは、二〇一一年に実施された日本在宅介護協会のシンポジウムでした。これは、私が幹事を務めている同協会東京支部の主催で、小川さんをはじめ、通所介護事業の経営者を講師にお招きした勉強会です。一五〇名定員の会場に二〇〇名を超える参加者が押し寄せ、参加者の皆様には窮屈な思いをさせてしまいましたので、本書読者の中にはご記憶のある方もおられるのではないでしょうか。小川さんはそこで現在や将来の通所介護事業経営について、真摯に熱く語っておられ、その「熱意」と「パワー」に圧倒されました。

これを契機に、小川さんとは、若手介護事業経営者の会で、議論を交えたり、お酒を交わしたりと、親しくさせていただいております。介護を科学的に検証し、実践され、効果を上げ、また経営も順調であるのは、とても素晴らしいことだと思います。

小川さんは、私が尊敬する介護事業経営者の一人です。今後の介護業界にとって、最も注目すべき人物の一人だと思います。私がお祈りするまでもなく、これからますます活躍の場を広げていかれるのではないかと思います。

第2章

機能維持・改善を目指すシニアフィットネス

Senior Fitnes

サービスの約三分の二の時間を機能訓練に

第1章でも述べたように、「nagomi」のプログラムでは、私たちが「ここちヨガ®」と呼んでいるストレッチが六〇分、イスに座って行うエクササイズ「イスdeエクササイズ」が三〇分、自宅でもできるセルフケアが三五分と、三時間一五分のサービスの約三分の二の時間を機能訓練にあてています。

「ここちヨガ®」でまず身体を温め、全身の生理機能や神経の働きなどをトータルに改善して可動域を大きくしていきます。その後、エクササイズで筋肉に適度な刺激を与え、最後にセルフケアという構成です。「ここちヨガ®」では柔軟性を、エクササイズでは筋力の維持・向上に力を入れています。

最後にセルフケアを行っているのは、エクササイズで普段使っていない筋肉をたくさん使うと筋線維を痛めることもあるので、これを防止するために再度身体を整えるというクールダウンと、そして、セルフケアの手順を覚えて自宅に帰り、自宅で少しでもセルフケアを行ってほしいという意図からです。

セルフケアでは四つのメニューを用意しており、月ごとに変えています。自宅でも一人で簡単にでき、効果が出やすい内容になっています。効果がなければ続きませんし、誰かの手を借りるようなものやなんらかの器具が必要なものは、自宅では行わなくなってしまうからです。「簡単で効果的」というのが大切なポイントです。「nagomi」の機能訓練の最大の特徴が、マシンを使わない運動であることはすでに述べました。それは、さまざまな背景を持つご利用者一人ひとりの状態を考慮するとマシンを使ったトレーニングはできないからなのですが、他にも大きな理由があります。マシンを使わない運動こそが、「nagomi」のご利用者には有効だからなのです。

これらの「nagomi」の機能訓練プログラムには、論理的な背景があり、科学的な根拠があります。シニアフィットネスという新しいジャンルにおいて、最適なプログラムを確立するまでには多くの試行錯誤がありましたが、なかでも、現在「nagomi」の顧問をしていただいている理学療法士の永井美香子先生との出会いがもたらした変化は必要不可欠だったといえるでしょう。永井先生との出会いから、「nagomi」の機能訓練が現在のスタイルを確立するまでの経緯を紹介したいと思います。

機能訓練プログラムの開発のために

「nagomi」を始めた当初、プログラムはスタッフによって手さぐりで開発していました。しかし、機能訓練に特化したデイサービスにしていくためには、専門的なプログラムを開発しなければなりません。開発には専門家が必要なことはわかっていましたから、私はとにかく時間を作って多くの専門家と会うことにしました。

最初に考えたのはフィットネスクラブなどのトレーナー（インストラクター）にお願いすることでした。知り合いのトレーナーから二〇人ほどのトレーナーを紹介してもらい、彼らと会いました。ところが、指導する対象者はシニアですと彼らに説明してもなかなか理解してもらえないのです。普段、高い会費を支払ってフィットネスクラブに来る人たちを相手にしているトレーナーたちに、ご利用者はオリンピックや競技会をめざしているわけではない、ゴールが違うのだといくら言ってもわかってもらえませんでした。

次に考えたのは医師でした。特に整形外科医には二〇人ほど会って話し合ってみたところ、医師には理論はあっても実際に身体を動かすプログラムは作れないのだということがわかりました。作れる医師もいるのかもしれませんが、見つけ出すのは大変難しいだろうと感じました。

私のイメージを実現してくれるのは、理学療法士しかいないのかもしれない。そう考えるようになり、ずいぶんと長い間、適任者を探したのですが、私の考えを理解する人は誰もいませんでした。

「デイサービスで行うので、誰にでもでき、科学的な裏付けがあって確実に効果が上がる機能訓練を教えてもらえないでしょうか。それを必要としているご利用者は各地にたくさんいるので、どこでも誰でもできるようにして、それを全国に広げていきたいと考えています」と言うと、誰もが「質を担保することができません」と言うだけです。理学療法士にもやはり二〇人ほど会いましたが、私の理念や目指していること、進もうとしている方向に共感する人と出会うことはありませんでした。

理想の理学療法士との出会い

理学療法士では無理なのかもしれない――そう諦め始めたころ、すでにオープンしていた「nagomi」に勤務中の看護師から、たまたま「理学療法士の妹がいるのですが、一度会ってもらえませんか?」という申し出がありました。内心では「理学療法士では無理だ」と思っていたのですが、お会いすることにしました。それが永井先生だったのです。

永井先生は、私が「機能訓練に特化したデイサービス、誰でもできて確実に効果があるもの……」といった考えを話すと、すぐに「今の世の中に必要なことですね」と共感してくれました。

永井先生もまた、二〇〇六年の診療報酬改定でリハビリ日数に制限が設けられたことによって、それまでは病院でリハビリをしていた患者さんが退院したり通院を中断せざるを得なくなり、リハビリ難民が生まれていることを大きな問題だと痛切に感じていると話してくださいました。また、理学療法士として訪問リハビリを行っていた経験から、男性に多い「リハビリをしたいが、デイサービスで子どものお遊戯のようなことはやりたくない」という生の声を聞いており、ご利用者の気持ちを理解していました。

理想の理学療法士に「ようやく会えた」と思いました。

後に知ったのですが、永井先生が理学療法士の養成学校を卒業して初めて病院に勤務されたころは、全国でも限られたいくつかの病院にだけ理学療法士がいたそうです。医師も理学療法士も、日本に理学療法、リハビリという新しい医療分野を確立し、もっともよい対応法を作り上げていくために、患者さんとひたすら向きあいながら試行錯誤を繰り返していたといいます。文献も少なく、例えば、解剖学、生理学の教科書を読み、医師と相談したり理学療法士同士で研究を重ねたりしながら、脳血管疾患（脳卒中）の患者さんの麻痺はどういったものか、どう対応すればよいのかを見つけていき、自分たちで〝マニュアル〟を作らざるを得なかった時代だったのです。

そのような時代に理学療法士となってキャリアを重ねてきた永井先生は、頻繁に研究会に参加し、学会などでも知見を広めていました。技術的には、脳血管疾患（脳卒中）の片麻痺患者さんや脳性麻痺の治療手技に対して行うボバース法というトレーニング法を習熟し、さらに整体やヨガも学んでいました。脳神経学や大脳生理学も含めて西洋医学の理論と実践を学んだ上に、東洋医学の知識と経験の積み重ねもある理学療法士です。

また、理学療法が日本に導入された初期には疾患による障害を克服することが中心に考えられ、介護に関わるといった発想は強くはなかったはずです。しかし、これまで永井先生が進められてこられた取り組みは、私の目指すところと多くの共通点がありました。永井先生は、「疾患のある人も病院にすべて寄りかかってはいけないということ、自分で自分の身体のことを知り、自分の身体を自分でケアしていく、そこに人としての可能性があることを、私は一人でも多くの人に伝えたい」と言います。こうした理念を持った先生だからこそ、初めてお会いした時に、通じるものがあったのでしょう。

小さく始めることで結果的に可動域が大きくなる

永井先生には、まずインストラクターとして「nagomi」の現場に加わってもらいました。ご利用者を直接ケアし、さらにセルフケアの時間をとって永井先生自ら指導してもらい、その経験を踏まえた上でトレーニング全体の修正をお願いしました。そして、立って行う簡単な運動はリスクが大きいということで止めたり、床に座れない人のためにイスに座ったままできる方法を考えたり、うつぶせになれない人にはボールを使ったりというように、当時のスタッフが考案したヨガの動きを見直し細部まで目の行き届いたものに変えていきました。時間の配分の変更も含め、全体の監修的な役割を果たしていただきました。さらに、セルフケアのための新しいプログラムの開発も依頼しました。こうして、ベースとなる、「ここちヨガ®」とエクササイズ、四種類のセルフケアという現在のプログラムができあがったのです。

それまで曖昧《あいまい》だった身体の動き、首の動かし方から腕、足首の動かし方まで、それぞれの意味が明らかになり、体系づけられたことは非常に画期的なことでした。

一例を挙げると、「ここちヨガ®」を一時間をかけて行うことで、最初から大きな運動をするよりも関節の可動域を大きくすることができます。

リラックスできる音楽をかけ、照明を暗くし、やさしく小さくゆっくりした動きから始めることで、関節の中にある滑液（関節の動きをスムーズにする液）の流れがよくなり、血液の流れが改善していきます。その後、だんだん動きを大きくしていくと、身体の準備ができているので痛めることなくスムーズに動くようになり、確実に可動域が大きくなります。また、最初にゆっくりした運動で身体を動かすことで、脳の防御反応を出さずに可動域が大きくなっていきます。いきなり大きな運動をすると、脳の防御反応が出て、身体がかえって硬くなり可動域が小さくなってしまいます。最初に小さな運動をゆっくり呼吸しながら動かしていくと、脳がリラックスして閾値《いきち》（最小限の値）を上げていくため、その後大きな運動や少し負荷のある運動を行っても激しい防御反応を起こさなくなります。結果的に可動域が大きくなり、身体を痛めるリスクもありません。

また、「ここちヨガ®」やエクササイズでしばしば行われる、身体をさすする動作も、短い時間に可動域を大きくする効果があります。

かつて、「ともかく鍛えれば元気になる」と言っていた時代もありましたが、そうした運動は、逆に身体（筋肉や関節）を傷つけてしまうリスクが高いのです。安全に身体の機能を維持・改善するという「nagomi」本来の目的から考えれば、激しいエクササイズは「nagomi」には必要ありません。

「さする」ことで傷ついた神経が回復する

小さな動きから大きな動きへ、あるいは、身体をさするといった運動は、マシンを使ったパワーリハビリなどの大がかりな運動に比べると、あまりにシンプルに映るかもしれません。しかし、その効果は医学的にも解明されつつあります。

例えば、二〇一〇年三月、群馬大学大学院医学系研究科の柴崎貢志講師は、傷を負った箇所を「さする」ことで神経の突起を伸ばす、新たな分子メカニズムを解明したと発表しました。

脳から身体へ情報を伝達するために脊髄の運動神経や感覚神経が長い突起を伸ばすその仕組みは長い間、わかっていませんでした。ところが、この発見によって、神経が伸びていく際に重要なセンサーであるタンパク質ＴＲＰＶ《トリップブイ》２センサーが、「さする」などの伸展をうながす物理的な力がかかることによって働き、神経が突起を伸ばすのを助けているのだということがわかったのです。

私たちは、打撲をしたり骨を折るなどの傷を負うと、自然にその場所をさすります。それは、さすることで刺激を与え、神経が突起を伸ばすセンサーのスイッチを入れるためだったというのです。TRPV《トリップブイ》2センサーが、傷ついた神経が再び突起を伸ばすために重要な役割を果たすのであれば、さすることは、ケガで傷ついた末梢の神経の回復を促していることになります。

柴崎講師は、「打撲などをうけて皮膚の神経が傷ついた時、損傷部位を自然となでたりさすったりする行為には、TRPV《トリップブイ》2センサーを活性化させ、損傷部位の神経突起の再生を促そうという無意識の意味合いが込められていると考えれば、理屈にあっています。リハビリなどで運動神経などの神経回路を回復させ、運動機能を回復させるためには、このTRPV《トリップブイ》2センサーの活性化を介した神経突起の再生が重要な役割を果たすものと考えられます。また、ES細胞やiPS細胞を用いた最先端の再生医療技術と組み合わせて行くことで、神経回路の再生に役立つと期待されます」と語っています。（大学共同利用機関法人自然科学研究機構生理学研究所http://www.nips.ac.jp/contents/release/entry/2010/03/post-117.html）

「nagomi」で行っているマシンを使わない運動や最初から大きな負荷をかけないことを含めた「ストレッチおよび自体重負荷中心の筋力トレーニング」は、身体機能の低下しているご利用者にとって、行いやすいだけでなく、効果的な方法でもあるわけです。

パワーリハビリが一時期流行し、いまでも行っているところもあります。筋力トレーニングだけをメインに考えるのであれば、パワーリハビリのほうが効率がよい面もありますが、結果的に筋肉を痛めてしまった人も少なくないと思います。特に十分な準備運動をせず、身体を温めないまま筋力トレーニングだけを行うと、ゆがみが大きくなったり痛めたりしてしまうことがよくあるのです。

副交感神経の働きを活発にする「ここちヨガ®」

さらに、「ここちヨガ®」には、副交感神経の働きを優位にする効果もあります。

人間の身体は、筋肉を収縮させる運動神経、全身の状態をキャッチする感覚神経、身体の調子を整える自律神経によって調整されています。体調管理には自律神経が特に大切になりますが、この自律神経は、交感神経と、まったく逆の働きをする副交感神経という二つの神経のバランスによって成り立っています。

交感神経は闘争と逃走のシステムといわれるように、心臓の拍動を速くしたり血管を収縮させて血圧を上げたりして、闘争心をかきたて、ストレスや危機に対応しようとする神経系です。一方の副交感神経は休憩と食事のシステムといわれ、心臓の拍動を抑え、血管を拡張させて血圧を下げ、身体を休ませてエネルギーを蓄える働きをします。

「nagomi」では最初に「ここちヨガ®」（ストレッチ）をたっぷり一時間行うことで、副交感神経の働きが活発になり、リラックスします。緊張しているところを緩めるので、血流がよくなり、筋肉の偏《かたよ》りも取れ、滑液の流れもよくなるというわけです。

さらに、「ここちヨガ®」（ストレッチ）のあとのティータイムで飲み物を飲みながら団らんし、気持ちも身体も緩んで全身の準備ができた、もっともリスクがない状態でエクササイズにも取り組めるのです。こうすれば、多少ハードなプログラムであっても、ご利用者それぞれの最大の可動域で運動ができるので、筋肉トレーニングの効果も高くなります。

「ここちヨガ®」（ストレッチ）が終わったあとのティータイムは会話が盛り上がることが多いのですが、これは副交感神経が活発になり、筋肉の緊張が緩んで生理作用が整い、身体が軽くなり、気分もすっきりするためです。

永井先生は、現代人は副交感神経を優位に働かせることを意識的に増やすべきで、そのためにも「ここちヨガ®」は重要だと言います。昔に比べて強い刺激のなかで生活している現代人は、交感神経が優位に働くことが多く、副交感神経をうまく働かせにくくなっています。例えば、副交感神経がきちんと働いていれば胃液がきちんと出て消化力が高まりますが、忙しく立ったままご飯を食べるようなことが続くと、交感神経が優位になり、胃の粘膜が整わないうちに食物を入れるので胃壁が荒れるのです。あるいは、ぐっすり眠れないのも副交感神経がうまく働いていないためだと言います。

現代社会では、食品のなかにも環境汚染物質が入っていたり、夜中でも電気が煌々《こうこう》とついていたりと、ストレスがかかる場面にあふれています。また、社会全体に切迫感が蔓延《まんえん》し、危機感や反感を抱えている人も増えてきています。高齢者にとっても、のんびり生活するのが難しい時代です。「nagomi」のご利用者も、知らず知らずのうちにさまざまな刺激を受け、病気になったことで身体が緊張したり、緊張状態が続いていたりする場合もあり、副交感神経を優位にする時間を意識的に作ることが大切だと考えます。

「ここちヨガ®」をたっぷり一時間行い、お茶を飲んでからエクササイズをするというプログラムには、このように重要な意味があるのです。

季節ごとに動きが変わるシーズンストレッチ

一時間の「ここちヨガ®」のうち、前半のプログラムは年間を通して変わりませんが、後半は季節ごとに変えています。この後半部分をシーズンストレッチと呼んでいます。

例えば、夏は冷房で身体が冷えて腰痛が起こる人が多いので、腰の血行をよくし、痛みを防ぐような動きを盛り込んだり、夏バテ予防に内臓の働きが高まるような動きを取り入れたりしています。

冬は寒さで関節が固くなり、猫背になって胸が狭くなることが多いので、胸を広げる動きや肩甲骨周辺の動き、背筋の動きを取り入れます。あるいは、足の先が冷たくなるのでリンパ節が温かくなる効果のあるストレッチも入れるようにします。

年末年始に食べ過ぎて胃腸を壊したり、肩こりがひどくなったりする人も多いので、それらの状態に対応した動きを取り入れることもあります。

現在では、毎年のシーズンストレッチのプログラム開発には、永井先生と担当スタッフが前年のご利用者の状態を検討しながらテーマを決め、基本の動きを担当スタッフが作り、永井先生が修正とチェックを行うという体制にしています。

動きのパターンができあがると、担当スタッフが実演したものをＤＶＤに録画し、動きのポイントや注意事項を詳しく記した補足資料を添えて、各地の店舗のインストラクターに送ります。インストラクターはＤＶＤを見て動きやご利用者への指示を覚えていきます。ＤＶＤと資料は、ご利用者から出ることが想定される質問と回答なども収録しています。もし、それでもエクササイズやヨガについて、ご利用者やインストラクターから質問などが出てきた場合は、日報を通して本部に送られ、永井先生が回答する体制にしています。

ＤＶＤだけで学べるものなのかという疑問を持つ人もいますが、インストラクターが初心者であっても、事前に三週間の導入研修期間を設け、基本動作を徹底的に学ぶため、迷うことはありません。むしろ、スポーツジムやエアロビクスなどで勤務した経験があると、ご利用者の身体機能が低下していることを忘れて自己流にアレンジしたり、かつての自分の顧客に好評だった動きを加えたり、あるいは指定以上の負荷をかけすぎるといったミスを犯すケースが多くなっています。「nagomi」ではインストラクターの八～九割がインストラクター未経験者を採用して研修した人たちですが、問題なく業務を遂行しています。

休憩はコミュニケーションの時間

「ここちヨガ®」とエクササイズ、あるいはセルフケアの間に設けた休憩時間（ティータイム）はコミュニケーションの時間帯と位置づけています。

まず、インストラクターがご利用者の輪の中に入っていき、看護師もバイタルチェックをしながらコミュニケーションを取ります。生活相談員は休憩時間が始まる前には必ずトレーニング室に控えて、ご利用者それぞれの飲み物の注文を聞き、飲み物を出してから会話に加わるという役割分担ができています。

ご利用者の気持ちが前向きになり、意欲が上がれば、身体機能も向上していきます。永井先生によれば、人間の身体能力には筋力トレーニングによって鍛えられる部分もあれば、メンタルによって上がったり下がったりする部分もあるそうです。メンタル面を高め、「nagomi」には自分の「居場所」があると思ってもらうことで、トレーニングの効果はより大きくなるのです。

なぜなら、かつての常識では、身体をコントロールするのは思考なのだと思われていましたが、いまでは感情のほうがより大きく、より速く身体をコントロールしているということがわかってきたからです。本人が楽しいと思って取り組めば、筋力もその人の最高のレベルでパフォーマンスを行うことができます。逆に、そういった感情が伴わないままに思考で身体をコントロールしようとするとストレスがたまり、効果が上がりにくくなるばかりか、抵抗力や免疫力もつきません。

身体は習慣が作るものですから、よい習慣を続ければ、機能を維持する期間が長くなり、その人の喜びの人生が少しでも長くなるはずです。

機能訓練のプログラムを本部が一括して開発し、現場のインストラクターにはコミュニケーションに集中してもらっているのは、ここにも理由があります。週に一回から二回通う「nagomi」という場所を、居心地のよい場所だと思ってリラックスしてもらうことが、機能の維持のために重要な役割を果たすからなのです。

コミュニケーションを取りやすくする工夫の一つとして、「nagomi」で使っているテーブルを小さく丸い形にしたことが挙げられます。持ち運びが容易ということもありますが、イスとテーブルとの距離があるのでお茶を飲む時に前に出るようになり、ご利用者とスタッフが小さなテーブルを囲むようになるため、距離が縮まってコミュニティが活性化するからです。

人間が幸せを感じるかどうかの基本は、自己重要度を得られるかどうかだと言われています。「あなたが来てくれて嬉しい」「あなたの存在は素晴らしい」「あなたの存在を大切にしています」そういう思いで見てくれる人に会うと人は元気になります。自分は大切にされている……、その思いで、人は幸せだと感じるのです。

自分の気持ちをわかってくれる人たちに会い、自分がよくなるものを提供してくれる場所に通うこと、そして、自分ががんばろうとしていることを応援してくれる人、「この人は元気になるんだ」と心から思っている人が接してくれることによって、人は心も身体も元気になれるのです。

グループダイナミクス効果

「nagomi」の機能訓練は、一人のインストラクターの動きに合わせて最大で一五人のご利用者が同じ動きをします。看護師がサポートすることもありますが、基本的には一対一五の関係です。十分に目が届くのかと不安になる人もいるかもしれませんが、一五人という人数がちょうどよいのです。「nagomi」では、複数の人が一緒に取り組むことによる「グループダイナミクス効果」が大切だと考えています。

グループダイナミクス効果とは、あるグループの中で何人かが楽しそうにしたり、自分の気持ちを素直に表現したりしていると、他の人も同じようにリラックスして、普段なら話さないような話を始めるなど、全員が積極的になり同じ方向にエネルギーが集中するという効果のことです。

ただし、グループダイナミクス効果が逆に働くと、人間関係がギクシャクしたり、消極的な負のエネルギーが満ちたりといったマイナスの効果が出てしまう危険性もあるので、インストラクターを中心としたスタッフの役割が重要になってきます。

ご利用者の気持ちを盛り上げるような肯定的な言葉をかけたり、一人ひとりの話を意識して傾聴することで、ご利用者それぞれがリラックスしたり、自分のことを表現したり、笑って感情を出したりといったことができるようになります。そうすると、その空気が部屋全体に広がっていき、直接会話に参加していない人にも、この部屋の雰囲気はいいな、楽しいなと感じるようになります。

ときどき、「ここちヨガ®」の最中に眠ってしまう人がいますが、あえて起こすことはしません。身体が本当にリラックスすると、その人にとって最も必要な生理機能が働いているからです。眠っている人はその人の身体が眠ることを求めています。その人が芯からリラックスすることができれば、生理機能の自然治癒力が活性化し、感情が解放され、周りの人にも心が開かれていきます。そういう人がいると、場の雰囲気が和《なご》み、よいグループダイナミクス効果が生まれていきます。

人として見、人として接する

その一方で、「nagomi」では事業所のスタッフをあえて短期間で異動するケースもあります。スタッフからは、「せっかく顔見知りにもなれたし、家族や病気についての知識の蓄積もでき、コミュニケーションも取れるようになったのに」という声もあります。確かに、スタッフが入れ替わるとコミュニケーションが阻害されるような感じがするかもしれません。しかし、それは間違いです。

例えば、学生の時にクラス替えや席替えがあると、新鮮さが出て、モチベーションの向上につながっていたことを思い出してください。それと同じように、スタッフが入れ替わると、ご利用者は違和感を持つと同時に新鮮さも感じているはずです。事実、インストラクターが変わったことをきっかけに、イスに座ってトレーニングをしていた人が床でトレーニングしてみたいと言い出したというように、それまでと違うステップに挑戦することもあります。長く一緒にいると、インストラクターには「あの人はイスでトレーニングをする人」という思い込みが生まれ、ご利用者も床で行いたいとはなかなか言い出せません。かつての自分を知らない人だからこそ、遠慮なく言うこともでき、新しい挑戦をするきっかけにもなるのです。

また、長期間同じ事業所にいると作業がマンネリ化し、ルーティンになるため、事故が起こる危険性も高くなります。なぜならば、ご利用者の情報はすべて共有化されていますから、いつの間にかご利用者の病気の状態を知ったつもりになりやすく、病気が進行していたとしても気づかなかったり、合併症で新しい病気になったという情報がすっかり抜け落ちてしまったりということが起こるからです。慣れていなければ慎重になり注意深くもなります。

さらに言えば、ご利用者には提供しているトレーニングの内容によって、「nagomi」を選んでほしいと考えています。スタッフが魅力的で信頼できることは重要なことですが、その要素だけが大きくなってしまうと、そのスタッフがいなくなれば来なくなってしまうかもしれません。そうではなく、身体機能の維持・改善をすることが「nagomi」の一番の魅力であり続けたいと考えています。

一般的なデイサービスからすれば「ビジネスライク」な印象があるかもしれませんが、「nagomi」はあくまでもトレーニングが中心であり、スタッフもご利用者に対して腫れ物に触るような接し方はしません。ご利用者が通わされているのではなく、自分から通っているという意識を持てる場所にしたいのです。

それは、永井先生の言葉を借りれば、ご利用者は「人間として見てもらいたい」というニーズがあるということなのだと思います。永井先生は「nagomi」の雰囲気をこう評します。

「介護される側ではなく、自分は普通の人だという認識を持てる場所が必要ではないかと思います。先生と患者ではなく、介護する側とされる側でもなく、人として見てもらいたい。人間は基本的に、誰かにやってもらうよりも、与えるほうが心地いい動物ですから。『nagomi』のスタッフには若い人が多く、ご利用者からすれば孫のような世代の人もいます。だからこそ、緊張せず、普通に話ができるのではないでしょうか。

私は以前に理学療法士として病院に勤めていましたが、それでも患者として病院に行くと緊張して、自分が小さい存在になったような気がすることがあります。患者として接されるとそうなるのでしょう。『nagomi』には、その萎縮感がありません」

月に一度の体力測定

「nagomi」ではご利用者やその家族に身体の状態を知ってもらうため、また、身体機能の維持改善効果を確認して、さらなる改善に向けたフィードバックのため、月に一度、次のような身体測定を行い、機能訓練の成果を数値化しています。

■図2-1　イス立ち座りテスト

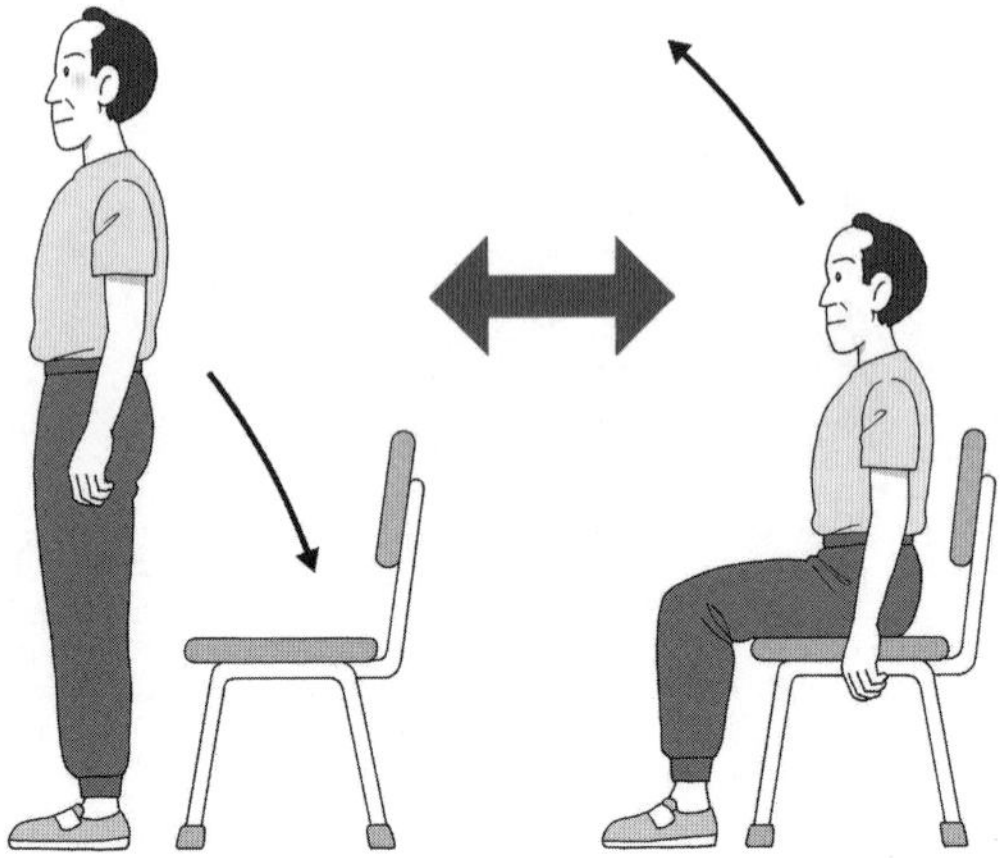

●イス立ち座りテスト（図2-1）

下半身の筋力を測定するもので、両足は肩幅に開き、腕を両脇に下ろし、リラックスした姿勢になります。イスに座って立つ動作を一回として五回続けて行い、かかった時間を測定します。無理のない範囲でできるだけ速く行ってもらいます。座った時はイスに軽く腰をかけます。二回実施します。

●ファンクショナルリーチ（functional reach）（図2-2）

動的バランスを測定するもので、壁の横に立ち、両足を自然に開いて直立します。両手のひらは下に向け、両腕を前に出し肘を伸ばします。そのまま両腕を前方に伸ばし元の姿勢に戻る動作を行います。

■図2-2　ファンクショナルリーチ

●座位ステッピング（図2-3）

筋力を長い時間発揮できる力（筋持久力）を測定します。足が動きやすいようにイスに少し浅めに腰を掛け、両手はイスの座面をつかみます。足もとの二本の線の内側に両足をおき、できるだけ速く線を踏まないように両足を開いたり閉じたりして、一五秒間で何回できるかを測定します。

●長座体前屈（図2-4）

身体の柔らかさを測定するために、床に座って身体を前に曲げる動作を行います。壁に背筋とお尻をぴったりとつけ、そのままの姿勢で肘を伸ばして手のひらを測定器にのせます。反動をつけず、息を吐きながらゆっくりと背中を壁から離し、前に身体

■図2-3　座位ステッピング

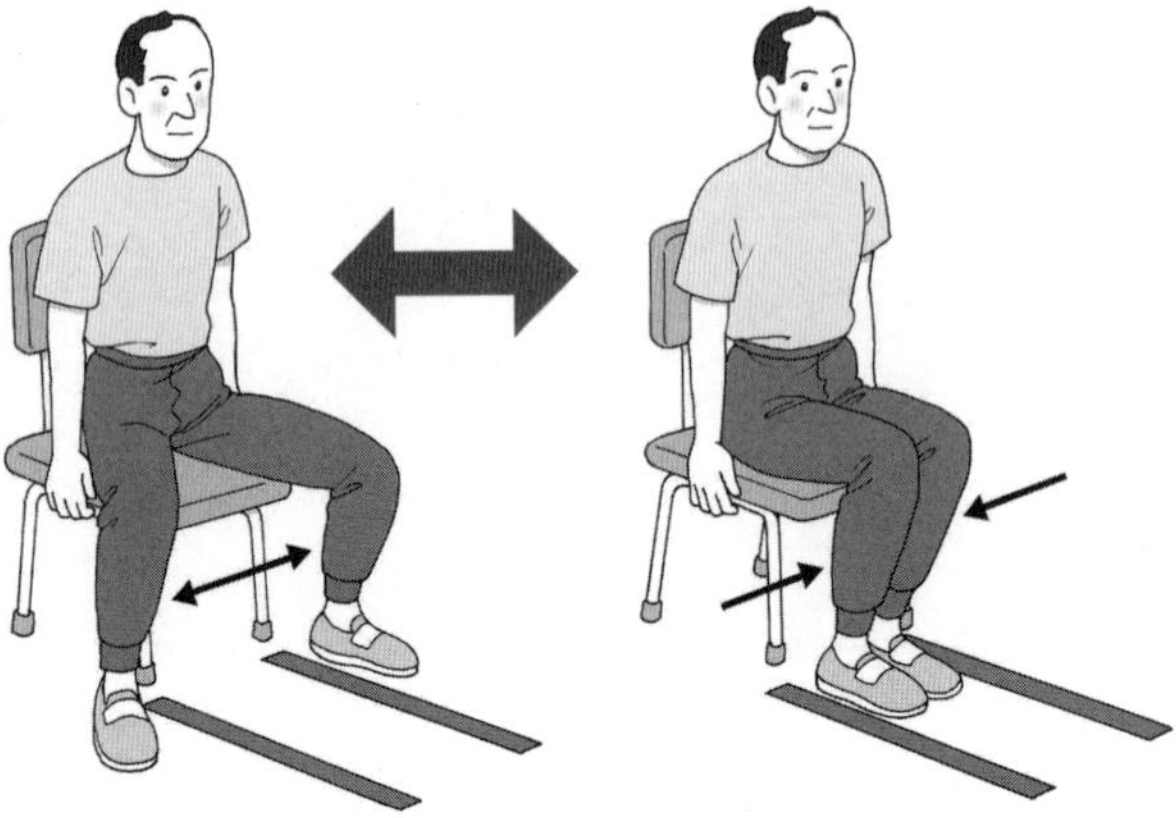

■図2-4　長座体前屈

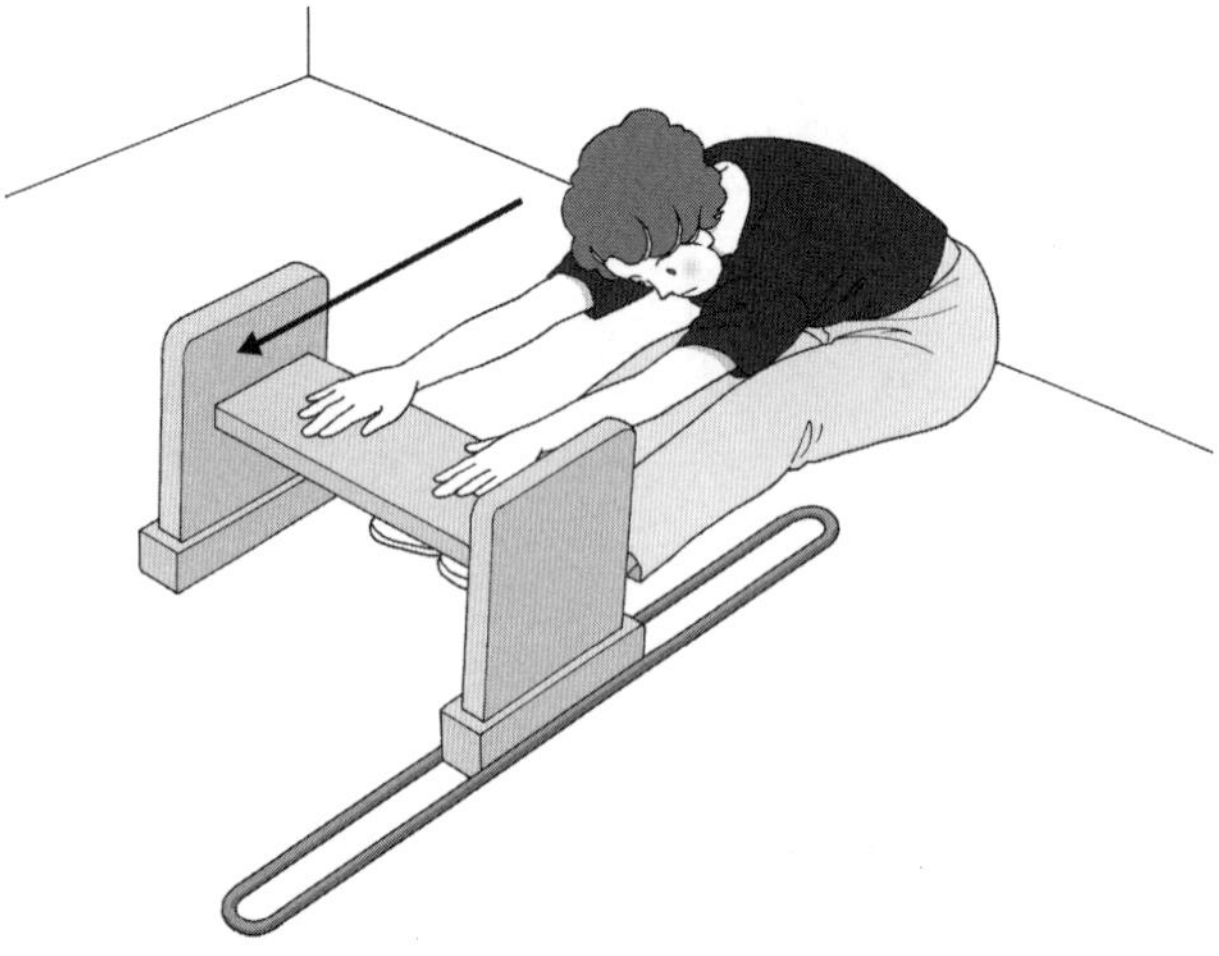

■図2-5　タイムドアップアンドゴー

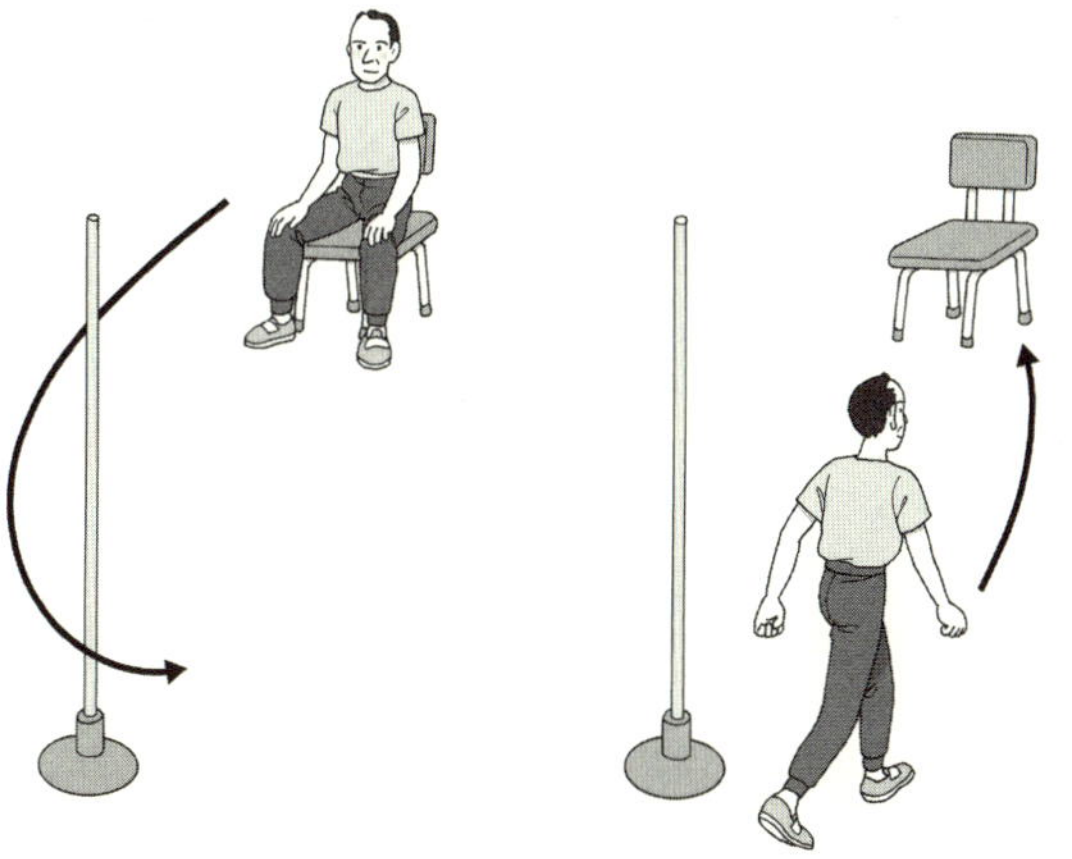

を倒しながら測定器を前に押します。

●握力

右手、左手交互に二回行います。

●開眼片足立ち

バランスを測定するために、両手を身体の横に添え、どちらかの足を床から五センチ程度離します。二回行い、最長六〇秒で終了です。

●六メートル歩行（普通歩行・最大努力歩行）

目印から目印まで六メートルを歩いてもらいます。「普段どおりの速さで」二回測定し、「できるだけ速く」二回測定します。

●タイムドアップアンドゴー（図2-5）

下半身の筋力や歩行能力などを複合的に

測定するために、イスから立ち上がり目印を回って座る動作を行います。イスに座ったところから開始し、立ち上がって前の目印を回ってイスに座るところまでを測定します。これを一回として二回測定します。「できるだけ速く」行います。

こうして得たデータは日々のバイタルチェックデータなどとともに、看護師によって評価され、社内データとしても保管されています。

第三者評価で証明された効果

二〇一〇年秋、「nagomi」で実施しているトレーニング（機能訓練プログラム）の有効性を評価してもらうため、第三者機関である筑波大学発ベンチャー企業株式会社つくばウエルネスリサーチに調査を依頼しました。毎月行われている体力測定のデータにより、三か月間に一〇回以上の利用があった一二〇名を対象に分析してもらったのです。その結果、次のようなことがわかりました。

1、全体の変化

・体重、血圧、安静時心拍数の変化（表2-1）

■表２-１　体重、血圧、安静時心拍数の変化

		N	Mean	SD	P値
体重（kg）	Pre	120	53.0 ±	10.6	0.24
	Post	120	52.8 ±	10.3	
収縮期血圧（mmHg）	Pre	120	137.9 ±	16.2	0.00
	Post	120	133.5 ±	16.6	
拡張期血圧（mmHg）	Pre	120	67.9 ±	12.6	0.03
	Post	120	65.7 ±	12.2	
心拍数（拍/分）	Pre	120	78.8 ±	11.2	0.06
	Post	120	77.1 ±	10.3	

※Pre：利用開始時、Post：利用３か月後、N：対象人数、Mean：平均値、SD：標準偏差（ばらつきの程度）、P値（危険率：統計的には、0.05未満であると、５％水準で有意差があることを示す）

体重、安静時心拍数は、介入前後で有意な変化は認められなかったが、血圧は収縮期および拡張期のどちらにおいても介入前後で有意な低下が認められた。

・体力測定の結果（表２-２）

握力、ファンクショナルリーチ、歩幅、歩行速度、イス立ち座りタイム、座位ステッピングは明らかな効果があった。また、歩数は減少する傾向が認められ、歩行速度に向上が認められた。ピッチが変わっていないことから、歩行速度は歩幅が大きくなったことによって改善されたと考えられる。

2、要介護度別の変化（図2-6、7、8）

開始時の要介護度別に、要支援１、２、要

■表2-2　体力測定結果（全体の変化）

		N	Mean	SD	P値
握力 (kg)	Pre	120	18.4 ±	5.6	0.02
	Post	120	18.9 ±	5.7	
ファンクショナルリーチ (cm)	Pre	111	20.5 ±	7.0	0.00
	Post	111	22.7 ±	7.4	
開眼片足立ち (秒)	Pre	103	12.9 ±	16.5	0.29
	Post	103	14.3 ±	18.7	
長座体前屈 (cm)	Pre	75	26.9 ±	9.4	0.05
	Post	75	28.6 ±	9.7	
歩数 (歩/5m)	Pre	117	12.5 ±	3.5	0.04
	Post	117	12.0 ±	3.3	
歩行速度 (m/分)	Pre	117	79.3 ±	26.8	0.01
	Post	117	83.6 ±	26.0	
歩幅 (cm)	Pre	117	42.2 ±	9.8	0.00
	Post	117	44.1 ±	10.5	
ピッチ (歩数/秒)	Pre	117	1.9 ±	0.5	0.88
	Post	117	1.9 ±	0.3	
イス立ち座りテスト (秒/5回)	Pre	108	16.3 ±	7.9	0.00
	Post	108	14.1 ±	6.0	
座位ステッピング (回/15秒)	Pre	118	12.6 ±	4.3	0.00
	Post	118	14.5 ±	5.3	
タイムドアップアンドゴー (秒)	Pre	116	16.3 ±	11.2	0.59
	Post	116	16.0 ±	15.2	

※Pre：利用開始時、Post：利用3か月後、N：対象人数、Mean：平均値、SD：標準偏差（ばらつきの程度）、P値（危険率：統計的には、0.05未満であると、5%水準で有意差があることを示す）

■図2-6　要介護度別歩行速度の変化

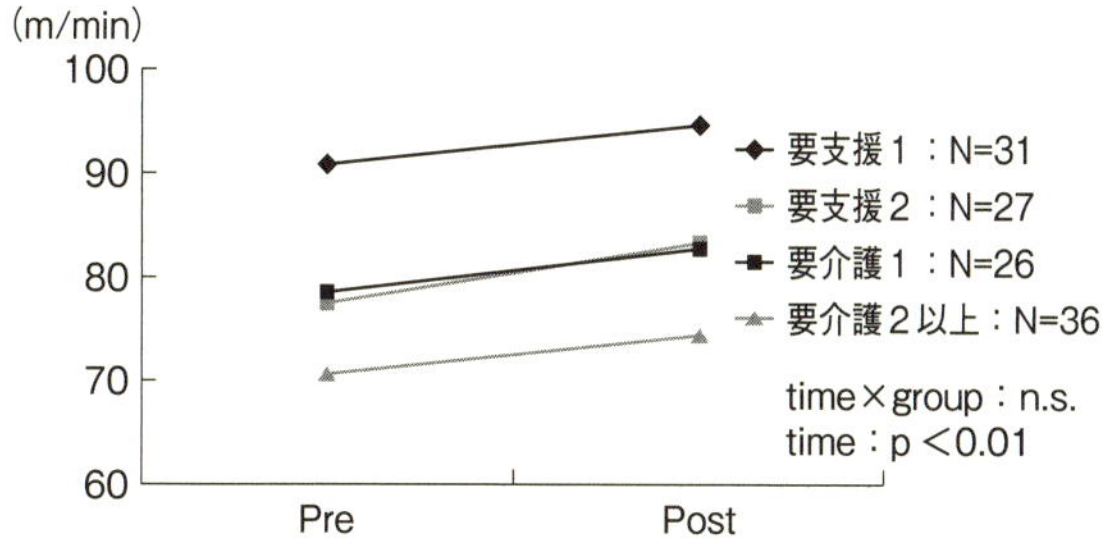

（Preの時点で要支援1と要介護2以上に有意差あり：p＜0.05）

■図2-7　要介護度別歩幅の変化

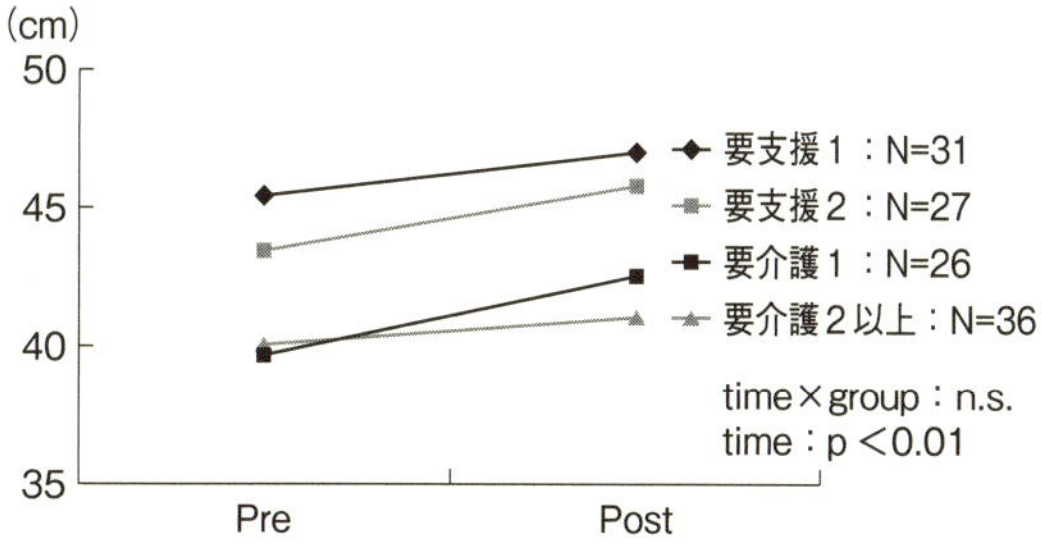

■図2-8　要介護度別イス立ち座りテスト時タイムの変化

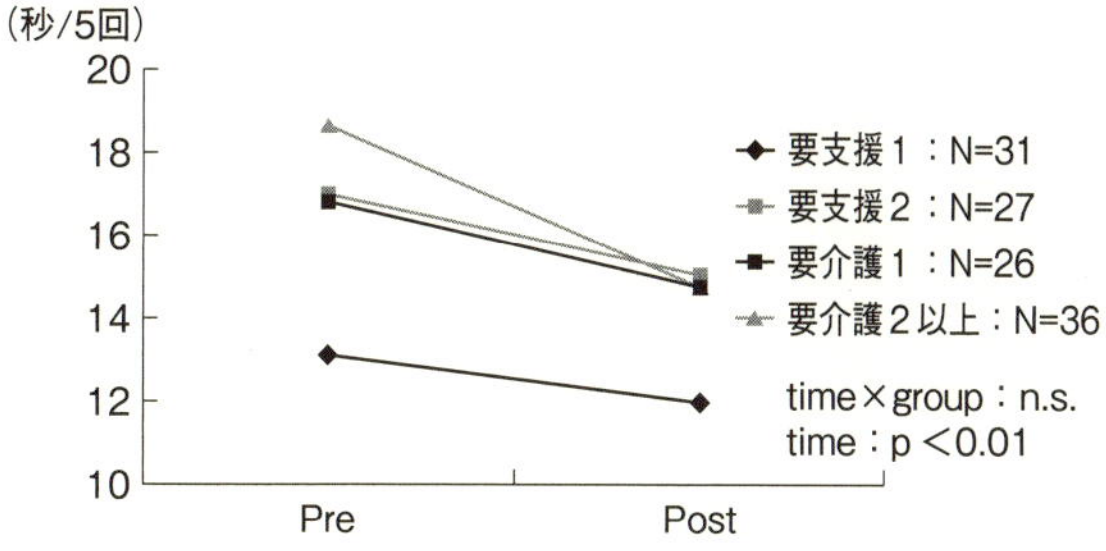

介護1、2以上の四群に分けて検討を行った。開始時点で要介護度別に体力において有意差が認められたのは、歩行速度（要支援1に比べて要介護2以上が有意に低い）、イス立ち座りテストのタイム（要支援1に比べて要介護2以上が有意に低い）の二項目であった。

要介護度別の変化については、いずれの要介護度においても開始前に比べ三か月後で有意に測定結果が改善されており、各群間の変化の程度に有意差は認められなかった。

3、疾病別の変化

対象者の疾病および既往歴等によって、以下の四区分に分類し、体力の変化について区分ごとの比較を行った。（表2-3、4、5、6）

区分1…脳梗塞既往等があり、四肢のいずれかに麻痺がある対象者
区分2…パーキンソン病の既往がある対象者
区分3…腰、膝、首等、いずれかの整形疾患がある対象者
区分4…区分1から3の既往がない対象者

区分1の対象者においては、イス立ち座りテスト時のタイムの改善が認められ

■表２-３　疾病カテゴリー別体力の変化（疾病区分１）

疾病：1	N	平均値	±	標準偏差	平均値	±	標準偏差	有意確率
握力	12	24.4	±	8.8	24.8	±	9.0	0.435
ﾌｧﾝｸｼｮﾅﾙﾘｰﾁ	9	14.1	±	6.4	18.9	±	7.1	0.090
開眼	9	7.6	±	11.7	5.9	±	7.2	0.340
長座	7	24.6	±	7.7	24.7	±	8.8	0.968
歩数	11	15.3	±	2.3	15.0	±	3.7	0.676
歩行速度	11	46.6	±	9.9	53.1	±	20.3	0.073
歩幅	11	33.4	±	4.6	35.3	±	9.2	0.354
ピッチ	11	1.4	±	0.3	1.5	±	0.4	0.087
イス	10	23.5	±	5.4	19.4	±	6.1	0.031
座位ステッピング	12	8.8	±	3.9	11.0	±	4.5	0.076
タイムドアップアンドゴー	10	23.7	±	6.0	22.8	±	9.7	0.555

■表２-４　疾病カテゴリー別体力の変化（疾病区分２）

疾病：2	N	平均値	±	標準偏差	平均値	±	標準偏差	有意確率
体重	8	49.6	±	11.2	49.4	±	11.0	0.782
筋肉率	8	22.5	±	3.1	22.3	±	3.6	0.629
体脂肪率	8	32.4	±	5.4	32.9	±	6.6	0.441
BMI	8	22.0	±	3.3	21.9	±	3.2	0.597
握力	8	16.5	±	5.4	18.0	±	5.3	0.005
ﾌｧﾝｸｼｮﾅﾙﾘｰﾁ	8	20.5	±	7.3	21.8	±	7.4	0.199
開眼	8	14.5	±	15.6	25.5	±	21.1	0.050
長座	1	30.0	±		27.0	±		
歩数	8	12.5	±	1.9	11.4	±	1.9	0.015
歩行速度	8	85.2	±	29.9	93.1	±	27.4	0.215
歩幅	8	40.1	±	6.2	45.4	±	9.1	0.041
ピッチ	8	2.1	±	0.6	2.0	±	0.3	0.699
イス	8	13.3	±	3.8	11.7	±	2.9	0.148
座位ステッピング	8	14.0	±	4.9	15.8	±	5.3	0.180
タイムドアップアンドゴー	8	13.1	±	7.4	11.9	±	3.9	0.418
収縮期	8	133.8	±	11.3	128.5	±	23.8	0.413
拡張期	8	64.1	±	10.4	63.1	±	11.9	0.446
心拍数	8	76.0	±	11.1	73.5	±	14.3	0.529

■表2-5　疾病カテゴリー別体力の変化（疾病区分3）

疾病：3	N	平均値	±	標準偏差	平均値	±	標準偏差	有意確率
握力	70	17.8	±	4.6	18.2	±	4.7	0.169
ファンクショナルリーチ	65	20.3	±	7.1	22.5	±	6.7	0.020
開眼	60	13.7	±	18.5	13.2	±	18.7	0.765
長座	47	27.1	±	9.2	28.9	±	9.0	0.120
歩数	69	12.8	±	3.9	12.1	±	3.1	0.067
歩行速度	69	80.4	±	25.2	83.3	±	23.1	0.143
歩幅	69	41.6	±	9.8	43.5	±	10.1	0.021
ピッチ	69	1.9	±	0.4	1.9	±	0.3	0.671
イス	62	16.5	±	8.9	13.6	±	5.8	0.001
座位ステッピング	68	13.4	±	3.9	15.2	±	5.0	0.000
タイムドアップアンドゴー	69	16.1	±	9.2	14.9	±	7.5	0.014

■表2-6　疾病カテゴリー別体力の変化（疾病区分4）

疾病：4	N	平均値	±	標準偏差	平均値	±	標準偏差	有意確率
握力	30	17.9	±	4.8	18.4	±	5.2	0.336
ファンクショナルリーチ	29	22.7	±	5.8	24.6	±	8.6	0.241
開眼	26	12.4	±	13.3	16.3	±	19.5	0.166
長座	20	27.2	±	10.9	29.4	±	11.8	0.197
歩数	29	10.9	±	2.2	10.9	±	3.4	0.944
歩行速度	29	87.3	±	26.1	93.2	±	26.4	0.101
歩幅	29	47.4	±	9.6	48.4	±	10.0	0.467
ピッチ	29	1.8	±	0.4	1.9	±	0.4	0.326
イス	28	14.3	±	5.3	13.9	±	6.2	0.590
座位ステッピング	30	12.0	±	4.5	14.0	±	5.6	0.001

た。区分2の対象者では、握力、歩数、歩幅が介入前後で改善が認められた。区分3の対象者は、ファンクショナルリーチ、歩幅、イス立ち座りテスト時タイム、座位ステッピング、タイムドアップアンドゴーにおいて改善が認められた。区分4の対象者では、座位ステッピングにおいて介入前後で有意な改善が認められた。

4、アンケート調査による日常生活動作（ADL）能力の変化

アンケート調査方式による日常生活動作（ADL）能力の評価を行った。調査内容は、主観的健康観（一問）、日常生活にかかわる動作能力（電話、買い物、食事の準備、家事、移動能力など）に関する質問（八問）、精神健康度（SF8[※1]…八問、WHO5[※2]…五問）であった。これらの調査内容は、現在、厚生労働省が実施している介護予防評価事業においても評価項目として採用されている。

介入前後の変化を比較した結果、移動能力（主に移動手段の変化）、服薬管理能力、精神健康度の四項目（この一か月どのくらい元気であったか、最近の二週間について明るく楽しい気分で過ごしたか、落ち着いてリラックスした気分で過ごしたか、日常生活のなかに興味のあることがたくさんあったか）において、改善されるという結果が示された。

その結果、移動能力として重要な指標である「歩行速度」、「歩幅」、「イス立ち座り」を中心に体力が向上している。また、開始前の要介護度によって、歩行速度、イス立ち座りテスト時タイムなど、体力に差が認められている項目があった。また、四肢の麻痺、パーキンソン病等の既往がある対象者は、体力および体調が不安定なことが多く、トレーニングの実施や効果にばらつきが生じることから、区分によってはトレーニング効果が示されにくい可能性が考えられたが、麻痺保有者、パーキンソン病既往者、整形疾患既往者等、区分に分類した場合においても介入前後でトレーニング効果が認められた。

また、体力の向上に伴い、日常生活動作（ＡＤＬ）能力や精神健康度も改善される傾向が示されており、デイサービスの利用によるトレーニングがＱＯＬ（生活の質）の向上につながった可能性も考えられる。

以上を踏まえた結論は、「『nagomi』において実施している機能訓練プログラムは、特定高齢者よりもさらに体力レベルが低い要介護認定高齢者においても有効であり、トレーニング効果が得られることが示された」というものでした。

※１　健康関連ＱＯＬを測定する尺度。八項目の質問で構成される。
※２　ＷＨＯ（世界保健機関）による精神的健康度を測定する尺度。五項目の質問から構成される。

スタッフの想像力を養う

永井先生は現在、社員の新人研修でも講義を行っています。ご利用者と直に接するインストラクターだけではなく、新入スタッフ全員が受けていますが、特徴的なのはご利用者を「身体機能が低下した人」として教えるのではなく、年を重ねることによって変化していく身体の仕組みを解説しながら、誰もが一度や二度は経験したことのあるケガや病気を例に挙げ、各自の実体験から身体機能の低下を想像できるようにし、講義が進められていることです。

例えば、イスに座ったまま机の上においたペットボトルの水を飲むときに、身体はどのように動くかということを自身の身体で学習させます。

そして、一連の動作を分解していきます。①喉が乾いたという情報が身体から脳に向かって発信される、②何か飲みたいと飲み物を探し始める、③机の上のペットボトルを見る、④ペットボトルを取るためにお腹に力が入り、重心が移動し、腕を上げるのと同時にお腹、骨盤、足に力が入る、⑤少し前屈ぎみになって、腕を出してペットボトルを取る、⑥この時、手がまっすぐペットボトルに伸びるようにペットボトルまでの手の軌道を眼が測りながら調節する――といった具合です。

研修を通してスタッフは、日々何気なく行っている当たり前の動作を意識して行うことにより、それまで一度も意識したことのない身体の複雑な動きを感じ、いかにたくさんの身体機能を使わなければならないか、いかに過去の経験から学習したことが活かされているかを実感します。

そして次に、同じ動作をリウマチや骨折によって手首が動かなくなったと仮定して実践させます。すると、先ほどはスムーズにできた動きがまったくできず、ほとんどの人がペットボトルをつかむことさえできないのです。

すべての人の身体機能は低下していく

ゆったりとイスに腰かけた姿勢から立ち上がる時は、どこが動いているかを永井先生が自ら実演します。

最初は身体を動かして重心を移動します。行きたい方向に重心がないと移動できないからです。立つためには重心を前にし、かつ上にもっていかなければならないので、頭を前にもっていくのですが、その時にはまず腹筋が働きます。次に肩が前に出て、お腹が動き、首が前に動いて足を引いて立ち上がります。この時、足先が膝よりも手前にあることになるので、足や足首が九〇度以上曲がらないと立ち上がれません。つまり、膝も足首も股関節も九〇度以上曲がらなければ、立ち上がることができないのです。さらに、頭の位置が膝よりも前に行かなければなりませんが、頭を上に上げようとすると難しいため、足を手前に引いて頭を下に下げることでおしりを上げ、重心を前に移動させて立ち上がっていることがわかります。

しかし、足首が固い人、膝が痛くて曲げられない人、腰が固くなっている人は、これらの体勢ができないので、仕方なく身体をひねり、肘掛けに手をついて腕の力を使って立つことになります。新人スタッフの誰もが、その立ち上がり方を以前どこかで見たことがあるはずなのですが、なぜそんなふうに立ち上がる人がいるのか疑問を持つこともなく、この研修を受けるまでは、おそらく考えたこともなかったのではないでしょうか。

さらに、一〇代二〇代の時には平気だった徹夜ができなくなってくること、一本早い列車に乗ることができそうだと思っても駅の階段をかけ上がれなくなること、といった実例を挙げながら、私たちも日々、身体機能が低下しているのだと永井先生は語ります。

これは「nagomi」だけではなく介護事業全般に言えることなのですが、スタッフ教育の難しい点の一つとして、私たちはご利用者の立場になることができないということがあります。他の業種や業態は実際に顧客の立場になることができます。飲食店なら自分が食べに行けばいいし、小売店であれば商品を買いに行けばいい。しかし、私たちのご利用者が私たちのサービスを受けるという状態、そのご利用者と同じ状況に私たち自身をおくことはできません。永井先生はその溝を埋めるための想像力を育てることから講義を始めていくのです。

致命的な事故を減らすための機能訓練

身体機能には、筋力、筋骨格系だけでなく、内臓の働き、睡眠パターン、体力や自律神経系の調整能力など、さまざまな要素が関わっています。そして、身体能力の評価の核にあるのはバランスとスピードであり、これに関連する要素には、筋力、反射神経、柔軟性（可動性）などがあります。

永井先生の研修で新人スタッフに実感してもらっていることですが、年を重ねると、誰にでも行動に制限ができ、昔できていたことができなくなります。実年齢よりも若々しく介護の必要がない身体能力の高い人でも、道路や歩道が混んでいる時間帯は外出を控えるようになり、あぶないからと自転車に乗らなくなり、道路を横断する時、青信号であっても信号の途中からでは渡り切る自信がなくなり、次の青信号を待ち、青に変わった瞬間から渡るようになると言います。

身体が弱った、あるいは脳血管疾患（脳卒中）などで身体機能の一部を失うなどで介護が必要な人では、その制限はさらに大きくなります。例えば、要支援1程度の人では、外出に制約が生じてきます。通勤時間帯に電車に乗ると、筋力や体力がないためにラッシュで揉まれてバランスを崩してしまい転倒の危険があるためです。こうして、徐々に行動できる範囲や時間帯を選ばなければいけなくなってきます。

さらに、だんだんと外に出なくなって、家に閉じこもりがちになり、送り迎えがないとどこにも行けなくなります。このようなサイクルが進む原因として、転倒を怖いと感じるようになることが大きいでしょう。しかし、転倒を恐れて運動量が減ってしまっては、悪循環です。

もちろん、高齢になるにつれ、転倒は身体機能を損なう大きな要因になるのも事実です。若ければ転んでもすぐに回復し、大きなダメージを受けませんが、特に大腿骨頸部骨折は高齢者に多く、寝たきりなどの原因になる危険性が非常に高くなります。大腿骨頸部の骨が折れると血流が遮断されてしまうので、骨が付くために必要な血液の栄養が届きにくくなり、成人でも治癒に約三か月かかると言われています。その間は、体重をかけられず、長期間あおむけで寝ているしかありません。骨粗しょう症を患っている高齢者はさらに時間がかかり、三か月は寝たきりになると言われています。筋線維は使わないと二週間で萎縮を始めますから、どんどん筋力が落ちていきます。内臓器官の機能が低下し、要介護度が一気に進むこともあります。要介護1の人が、わずかの間に要介護4まで悪化することも珍しくありません。これでは、その後治ったとしても、以前の生活に戻ることは難しいでしょう。

「nagomi」は、こういった悲劇を少しでも防ぐために、ふんばる力や転倒予防の筋肉を鍛えるような運動を行っているのです。転倒の恐怖を和らげることで、自分の思う通りに生活できる場面を増やしていってほしいと思います。

いくつになっても人は自由が欲しい

「nagomi」の店舗がある地区のケアマネジャーが、介護保険利用者とその家族に対して、不安や悩み、困っていることをヒヤリングしたペーパーがあります。それを見ると、「ケガによる下肢筋力の低下によって閉じこもりがちになっている」「加齢に伴う筋力の低下がある」「安定して立ち上がりや歩行がしたい」「一人では歩けず転倒の危険がある」「物忘れがひどい」「視野狭窄《きょうさく》があり、左下肢に違和感がある」「このままどうなっていくのだろう」「この地域で住み続けたいけれど、それができなくなったらどうしよう」「一人で生きられなくなったらどうしよう」「買い物に行けなくなったら困る」といった言葉が連ねられています。その内容のほとんどが身体機能について触れられていることに気づかれたでしょうか。

こうした人たちの多くは、困っているからこそ、内心には「これ以上悪くなりたくない」「少しでもよくなりたい」という向上心があります。その気持ちは女性が、「きれいになれるならエステに行きたい」という気持ちと基本的には同じです。

そして、人間は誰でも、いつまでもどこでも自由が欲しいと願っています。自分の意思で選択し、したいことを好きな時にしたいと思っています。

「nagomi」のご利用者でも、可動域が一週間前より大きくなったかどうかを気にしている、という人は少ないでしょう。「nagomi」に来て握力がいくつになったということが重要なのではなく、家で棚の上のものが取れるか取れないか、好きな料理を作れるかどうか、毎年楽しみにしている庭の柿を今年も取ることができるかどうか、それができなくなることが不安であり心配なのです。

普通の人と同じようにしたいことをするというその気持ちは、年を重ねてもずっと続いています。もちろん、ある程度は諦めることもあるでしょうが、まったく諦めてしまうわけでは決してありません。

「六〇歳だから、もう不自由のままでいいのだ」ということはないのです。

その思いを少しでも叶えること、一日でも長く機能を維持すること、それが「nagomi」の役割だと思っています。

第3章

徹底した「標準化モデル」の実現

standard model

起業――シニアのニーズを追い求めて

一九九九年八月二七日、私は、弊社の前身であるテックオガワ株式会社を設立しました。「住宅事業を通じて健康なシニアライフを創造する」という理念を掲げ、〝バリアフリー・リフォーム〟という、シニアを対象とした住宅リフォーム事業の会社です。翌二〇〇〇年四月より公的介護保険制度施行に伴い、介護保険住宅改修事業、二〇〇一年には福祉用具事業、二〇〇二年には居宅介護支援事業を開始し、事業の拡大をしていきました。さらに、地域に密着した場所にショールームを構え、住まいを全面的に改修するという新しいリフォームの形を提案しました。

一方で、「健康的なシニアライフを創造する」ためには、住環境の改善だけでなく、身体介護などのサービスを展開する必要があることがわかってきました。そこで、二〇〇四年四月、社名をイー・ライフ・グループ株式会社に変更し、同年八月三日、埼玉県浦和市に、デイサービス「和（なご）みケアスタジオ」をオープンしたのです。

「和みケアスタジオ」は、一年三六五日、一〇時から一六時まで、食事・入浴・レクリエーション・昼寝をご利用者に提供する、いわゆる「お預かり型」のデイサービスです。日本のデイサービスの標準は、定員がおよそ二五〜四五名で、平均年齢は八五〜八八歳、要介護度は2・55〜3、男女比は二対八から一対九です。「和みケアスタジオ」の定員は二五名で、ご利用者の平均年齢は八五歳、要介護度は平均3、男女比率は一対九でしたから、一般的なデイサービスだといえるでしょう。

ただ一つだけ違ったのは、外出の機会を積極的に作ろうとしたことです。ご利用者は普段は何も言いませんが、踏み込んで話を聞いてみると、身体が不自由になるまでは当たり前に行っていた散歩や外食に出かける機会がなくなっていたことがわかったのです。

私はさっそく、「予定を決めずに天気がよい日に散歩に行く」「お昼にファミリーレストランやホテルのレストラン、中華料理店などへ行って食事をする」「近場の工場に体験学習に出かける」といったイベントを取り入れました。今では当たり前になっていますが、当時、「外出」を積極的に行っているデイサービスは、知る限りでは他にありませんでした。

しかし、ご利用者からは好評だった外出は、スタッフからは必ずしも歓迎されませんでした。外出中のご利用者の安全性を確保するためには、手間も人手もかかるからです。スタッフがご利用者のことを懸命に考えているからこその反駁《はんばく》だということはわかります。しかし、その思いは、ご利用者のニーズとは合っていないという感覚が残りました。

同様に、スタッフよりもはるかに長い人生を歩んできた人たちを「ちゃん」付けで呼んだり、幼稚園や保育園のような壁の飾り付けをしたり、自力で食べられる人に対しても「こぼすから」という理由で食事を口までスプーンで運んだりといった風景を見ると、違和感を覚えました。ご利用者が本当に望んでいることとは思いがたかったのです。

また、ご利用者のデータを見ていると、スタッフが「喜んで来ています」と報告していたあるご利用者が、月一〇回の利用予定のうち二回しか通っていなかったということがありました。ご利用者に直接話を聞いてみると、あとの八回は他のデイサービスに通っているというのです。「あなたのところのスタッフがあまりに一生懸命だから、裏切っているようで言えなかった」と教えてくれました。

良かれと思い行うサービスが、必ずしもご利用者のニーズを満たしているとは限りません。しかし、我慢強い世代であるご利用者は、不満を飲み込んでしまうこともあるのです。そうした人たちの隠された本音を捉え、本当のニーズを満たすことができるサービスのモデルを模索するようになりました。

マネジメントが欠落した現場

もう一つ、別の違和感もありました。それは、経営者は現場で起きていることが把握できないということです。例えば、事業所では毎日、誰から入浴してもらうのか、食事は誰に何をどの順で出すかといったことが変わります。一人ひとりのご利用者に合わせて介護をするので、ばらばらになるのが当たり前だという考え方です。これは「和みケアスタジオ」に限らず介護業界全般に当てはまることであり、一〇〇の店舗があれば一〇〇通りの方法で運営されているということです。同じ運営会社の事業所でも、建築デザインには和風モダンもあれば洋風もあり、介護の手法もそれぞれ少しずつ違っています。

つまり、経営者が介護サービスの内容や質をマネジメントせずに、現場のスタッフに負っているところが非常に大きい属人的なシステムです。にもかかわらず、介護スタッフの入れ替わりは激しく、仕事は実践を通して学ぶＯＪＴ（On the Job Training）が一般に行われています。「人による」システムなのに、現実には決して人材を大切にできているとは言いがたい状況です。

これでは経営のマネジメントはできません。仮に、それぞれの現場の手法が正しいとしても、理念がどこにあるのかもわかりません。

しかし他の業種では、通常、標準化のモデルは必ず構築されています。介護サービスでも、標準化を導入することで属人的なシステムから脱却し、すべての事業所で同様に質の高いサービスを提供できるはずだと考えるようになっていました。

「なぜ」から「ニーズ」の追求へ

当初は営業面で苦労した「和みケアスタジオ」ですが、開設二年で登録者数は六〇名強に達し、薄利ながら事業は軌道に乗っていきました。しかし、一つの問題が浮き上がってきました。それは、定着率の悪さです。

途中で退所した人たちのデータを改めて解析したところ、多い月には全登録者の一割にあたる五名が退所し、一年間で六〇～七〇人の登録者の約半数にあたる二七人が退所していました。ご利用者のなかには、最重度、全介助の人たちもいますので、亡くなったり入院したりしての利用中止はやむを得ませんが、それを考慮しても高すぎる数字です。入れ替わりに新しい人が入るので事業としては継続していましたが、看過できる数値ではありません。

退所理由に、「ニーズが合わない」と挙げた人たちが顕著でした。この人たちについて統計をとったところ、二つの特徴が見えてきました。

一つは年齢です。先ほど書いたように、一般的にデイサービスではご利用者の平均年齢は八五～八八歳ですが、退所していったご利用者は六〇代、七〇代の比較的若い人たちばかりでした。もう一つは要介護度です。一般的なご利用者の平均要介護度は2・55～3の間ですが、退所していったご利用者は、今の基準でいえば要支援・要介護1くらいの要介護度で、つまり比較的軽度の人だったのです。

私は施設長と二人で、理由をさらに探るため、退所した人を訪問し、根気強く話を聞いてまわりました。そこでわかったのは、誰もが「施設に行くのはまだ早い」

「まだ介護なんて必要ない」と考えているということでした。さらに、「和みケアスタジオ」をやめた後で何をしているのかと尋ねると、他の施設に行く人もいますが、意外にもフィットネスクラブに通っている人が多いことに気づきました。

何が彼らを惹きつけたのか、私はすぐにフィットネスクラブを訪ねて確認することにしました。確かに、日中のフィットネスクラブの利用者はシニアが大半を占めていました。昼間、フィットネスクラブを利用できる人はシニア以外にはほとんどいないので当然といえば当然ですが、フィットネスクラブとシニアという組み合わせは盲点でした。しばらく様子を見ていると、フィットネスクラブのサービスはシニアの人たちには基本的にマッチしていないことがわかりました。運動をしてはいますが、たとえば足を上げるべきところで、上げようとしても上がっていません。フィットネスクラブではシニア一人ひとりに対応した個別の運動プログラムを提供しているわけではないので、できないのは当たり前です。シニアの人たちは、お茶を飲み、友人と話し、ストレッチをして、お風呂に入って帰るだけなのです。

フィットネスクラブに来ていたシニアの人に話を聞くと、やはり軽度の要介護度の人が多いことがわかりました。そして、なぜデイサービスに行かないのかと尋ねると、また、「施設に行くのは、まだ早いよ」という答えが返ってきました。

私は、以前、自分の母のためにデイサービスを探したときのことを思い返しました。病気のために介護が必要になったものの、当時母は六〇歳で意識も体力もまだまだありました。だからでしょう、母は、「まだ、デイサービスには行きたくない」と言ったのです。

あのときの母や、フィットネスクラブで出会ったシニアの人たちは、自分が若いころのように健康ではなく、昔のようには身体が動かないことは自覚していました。しかし、多少の障害があっても、まだまだ元気で、フィットネスクラブのようなところで運動をして、これからも元気でありたいと考えていたのです。

このニーズは、普通の「お預かり型」のデイサービスでは満たせません。新しいデイサービスのモデルが、このニーズから見つかるのではないかと思いました。

シニアの元気を通じたビジネスの成功事例

新規事業のプランニングには、「誰に」提供するかという具体的な絞り込みが不可欠です。私は、前述の既存のシステムでは対応できないニーズを持ったシニアに向けたサービスはできないものかと考えました。

手がかりになるようなサービスのモデルを探した結果、アメリカに「ヘルスウェイズ」という会社が、シニアの元気を通じて皆が潤う、「シルバースニーカーズ」というビジネスモデルで運営していることがわかりました。

日本には手厚い社会保障制度があります。医療保険では一般の現役世代は三割、介護保険では一割が自己負担で、残りは税と保険料でまかなわれています。しかし、こうした社会保障制度がないアメリカでは、それぞれ自分で民間の保険に入らなければなりません。これらの民間の保険会社は、保険加入者が通院や入院、介護が必要になると保険金を支払います。つまり、医療や介護が必要なシニアが増えると、保険会社の収益が圧迫されることになります。「シルバースニーカーズ」はそこに着眼していました。

全米に広がる既存のフィットネスセンターは、日中はほとんど利用する人がいません。被保険者のシニアは空いているフィットネスセンターを利用して、ヨガやボールエクササイズなど、「シルバースニーカーズ」が提供する無料のレッスン型エクササイズを受けることができます。レッスンは、主に筋力強化、関節可動域拡張、バランス感覚向上、心肺機能向上、精神の安定などを目的にプログラムされていて、このレッスンを受けたシニアが元気になれば保険会社の支払金が抑制されます。「シルバースニーカーズ」は、シニアを元気にすることを軸にして、保険会社から報酬を得ていました。

つまり、「シルバースニーカーズ」は、シニアの元気を通じて、保険会社の支払金抑制とフィットネスクラブの新たな顧客の確保を実現していたのです。アメリカの社会保障制度の不足している点をカバーした、誰も損をしないWin-Winの見事なビジネスモデルです。

私はこのビジネスモデルを日本の制度に合うように組み直し、機能訓練に特化したまったく新しいスタイルのデイサービスを始めることにしました。

改正介護保険制度における「介護予防」導入

ちょうどそのころ、介護保険制度では大きな改革が行われました。

介護保険制度が浸透するにつれて、二つの大きな問題点が明らかになってきたからです。

ご存じの通り、日本は世界でも例のないスピードで少子高齢化が進んでおり、二〇一五年には国民の四人に一人、二〇二五年には三人に一人、二〇五〇年には二・五人に一人が高齢者という時代を迎えます。こうした背景のもとで始まった介護保険制度は、「高齢者の介護を社会全体で支える」という理念を掲げました。介護をアウトソーシングして専門職に任せられるようになったことで、救われた家族介護者は多かったはずです。

しかしながら、ご利用者の要介護度が重度化するほど手当が厚くなる、つまり要介護度が改善すると報酬が下がることから、事業者がご利用者の要介護度の改善に積極的に取り組みにくいという問題がありました。ご利用者の身体状況・状態の悪化が懸念され、実際、軽度の要介護認定者に対するサービスが、状態の改善・維持につながらず、むしろ機能を低下させる可能性も指摘されました。

また、財政の悪化も問題になりました。介護保険制度が開始した二〇〇〇年の介護給付費の支払いは三・六兆円でしたが、二〇〇五年には六・八兆円に倍増、ピークになる二〇二五年には二〇兆円になると予測されました。要介護認定者が急増し、二〇〇〇年の二一八万人から二〇〇五年には四一〇万人と約二倍になり、二〇二五年には六五〇万人になると予測されたのです。財政がさらに逼迫《ひっぱく》していくのは明白でした。

そこで、二〇〇六年四月に施行された改正された介護保険制度では、新たに「介護予防」というコンセプトが打ち出されました。「軽度（要介護認定）者の状態像を踏まえ、できる限り要支援、要介護状態にならない、あるいは、重度化しないよう『介護予防』を重視したシステムの確立を目指す」というものです。

また、二〇〇六年度の診療報酬改定でも、大きな変化がありました。増加する医療費の抑制のため、疾患別に入院治療の日数制限が設けられたのです。例えば、脳血管疾患（脳卒中）の人は一八〇日で入院が打ち切られ、一八一日目からは病院でのリハビリが受けられなくなりました。また、亜急性期・回復期・慢性期医療の人たちは病院ではなく、在宅医療や介護サービスで対応する方向へと変わったのです。

「シルバースニーカーズ」の成功例に加え、こうした制度改革や社会状況を見るなかで、私は「介護予防」事業はベンチャー企業だからこそできるビジネスである、これまでの経営経験や調査結果を活かして取り組むべき事業であるという確信を持つようになりました。

エリアマーケティングでファーストワンを目指す

これまでの経営を通して、ベンチャー企業が勝ち残っていくためには、大手企業が参入しない市場で、大型の設備投資をする必要がないパッケージを作りあげなければならないことを学んでおり、それが、「介護予防」事業では可能だと考えました。

また、この事業で、ナンバーワンでもオンリーワンでもなく、なによりファーストワンになることを目標にしました。他の企業が同じビジネスモデルを行ったとしても、先行してモデルを作りあげていれば、明白なアドバンテージをもって展開できるからです。

私は開設準備室を立ち上げると、スタッフとのミーティング、行政への開業事前相談、市場調査などの準備を進めました。

そして、「誰に」「何を」提供するかを、徹底的に絞り込みました。

まず、二五〇〇万人のシニア全員を対象にするのではなく、ターゲットを絞り込んだ一点突破型にすることにしました。当時、全国には四五〇万人の要介護認定者がおり、そのうち半数の二二五万人が軽度認定者でした。また、二〇〇六年の診療報酬改定による入院日数制限のために、医療機関でのリハビリを受けられなくなった人も二〇〇万人いました。合わせて四〇〇万人以上の人が、フィットネスクラブにも既存の介護サービスにも適しておらず、「介護予防」サービスの対象になり得ると考えました。そのなかでもさらに、脳血管疾患（脳卒中）、整形疾患、慢性疾患等の緊急医療を要せずリハビリの習慣化を必要とする七〇万人まで絞り込みました。

仮にこの人たちすべてがサービスを利用したとしても、市場規模はおよそ三〇〇億円程度です。仮に市場シェア一〇％獲得したとしても三〇億程度です。ヘルスケア関連大手企業にとっては魅力が乏しいミクロ市場です。また、地域に密着したエリアマーケティングが必要なため、大手企業が得意とするマスマーケティングには不向きな領域でもあります。

もう一つ重要なことは「何を」提供するかでした。改正された介護保険制度では、国はマシントレーニングによるパワーリハビリテーションで身体機能の維持・回復を推奨するようになりました。しかし私は、①医療制度改革により疾患別に日数制限が設けられ、脳血管疾患（脳卒中）などでまだ麻痺が残るリハビリ難民にマシンは使えないこと、②アスリートでも継続しづらいマシントレーニングを介護が必要な高齢者に求めても継続は難しいこと——の二点から、マシントレーニングを完全に否定し、ストレッチおよび自体重負荷を中心とした筋力トレーニングの開発に尽力しました。

こうして、ベンチャー企業だからこそ戦える「介護予防」という土俵で、フィットネスとデイサービスの中間領域という、前例のない事業モデルの構想ができあがっていきました。

機能訓練特化型リハビリデイサービス「nagomi」誕生

二〇〇六年一〇月、東京都練馬区に機能訓練特化型デイサービス「シニアフィットネス和みスタジオ」大泉学園店をオープンすることになりました。

しかし、その時点では「誰に」「何を」提供するかというコンセプトは定まっていたものの、「誰が」「どのように」提供すればよいのかは決まってませんでした。どうやって実現化していけばいいのかはまったくの手さぐりのなかで始まりました。

機能訓練だけで、食事、入浴、レクリエーション、昼寝もないデイサービスなど前例がありません。一日に六時間も八時間も食事もせずにエクササイズをするわけにはいきませんから、新しいオペレーションを考える必要がありました。また、例えば実際に誰が機能訓練を指導するのか、フィットネスクラブのインストラクター経験者がよいのか、ホームヘルパーがよいのかも確信がない状態です。試行錯誤の毎日が続きました。

「一日二回転にしてみたらどうだろうか」と提案したところ、デイサービスで二回転とはどういうことだと、スタッフと議論にもなりました。二回転、三回転と時間割をいろいろと試み、最終的には現在の一回三時間一五分、一日二回転に落ち着きました。このパターンは、介護保険制度が後追いする形で現在ではスタンダードとなっています。

運動プログラムでは、インストラクター同士が膝を突き合わせてプログラムの開発を行い、要介護度の維持・改善にもっとも効果的な方法を探す実験を繰り返しました。トレーニングの時間も、一時間、二時間、三時間と、いろいろ試しました。ティータイムを交え一回三時間一五分（二部構成）……という現在のオペレーションの原型はこの時期に生まれました。ここまでの確立がもっとも難渋しました。

また、一号店の床面積は五〇坪で、一般的なデイサービスと比べると一回り小さい面積でした。しかし、ご利用者とインストラクターが互いにぶつからずにエクササイズをするには十分な広さだとわかりました。現在の「nagomi」はさらにコンパクトで、床面積二五坪〜三五坪となっています。定員も最初は二五名でスタートしましたが、オペレーションを調整していくうちに現在の一回一五名となっていきました。

ご利用者の要望を取り入れていったこともたくさんあります。クリニックや従来のデイサービスのような外観は嫌だということで、街の風景に馴染むさりげない雰囲気の、サロンやカフェのようなおしゃれなファザードにし、グリーンをシンボルカラーとした今のようなデザインが作られました。

「シニアフィットネス和みスタジオ」という名称もご利用者には不評でした。「私はまだシニアじゃない」「たんぽぽ、ひまわり、長寿園みたいな名前なら行きたくない」と言われ、カジュアル感を出そうと施設名を英字の「nagomi」に変更しています。英字で商標登録をしたデイサービスはおそらく私たちが初めてと思います。

ご利用者、行政、スタッフの不満と不安

しかし、よりよいスタイルを探そうとシステムをしばしば変えていたため、ご利用者から「システムが変わりすぎる」「利用者のことを考えているのか」といった指摘やクレームがありました。ケアマネジャーからは「なぜ食事がないのか？」「浴室もないのか？」「車イスの人はどうしたらいいのか？」といった指摘を受けました。さらに、行政からは「薄暗い部屋に高齢者を集めて何かおかしなことをしているのではないか」と不安視されたこともあります。前例のないデイサービスですから、いくら説明してもなかなか理解されなかったのです。

さらに、暗中模索の日々が続くなかで、スタッフからも「理念はわかるが、先が見えない」という不安の声が続出しました。介護業界から転職してきたスタッフのなかには、食事も入浴も昼寝もない、一日二回転のデイサービスをどうしても受け入れられずに、やめていく人もいました。住宅リフォーム事業に携わるため入社したスタッフには、デイサービス事業を展開することを納得してもらえません。「シニアに元気を提供するという目的・理念に変わりはない。リフォームからデイサービスに手段が変わっただけだ」と説明しても、私の思いを共有してもらえませんでした。

今でこそご利用者をはじめ、行政、ケアマネジャーに多くの支持をいただいている「nagomi」ですが、当時は多大な不安を与え、心配をかけていたことになります。この時、私の妄想のような構想に共感してくれたのは、介護業界の未経験者と新卒入社の社員でした。彼らは業務の内容ではなく、私の掲げた理念に共感して入社していました。状況によって変化する目の前の手段や目標でなく、絶対に変わらない理念や目的、価値観を共有・共感することの重要性を実感したことは、現在まで、スタッフの採用や教育の指針に活かされています。

結局、現在のスタイルになるまでに二年以上の試行錯誤が続くことになりました。しかし、こうしたいくつもの困難な中でさまざまなチャレンジを繰り返したことで、「どなたでも楽しめる機能訓練を中心にした三時間一五分のリハビリデイサービス」をコンセプトにしたデイサービスができあがっていったのです。

どん底からのV字回復――理念だけが最後に残る

リハビリデイサービスという新しい業態を模索し続けていたこの時期に、一方で当時主力事業であった住宅リフォーム事業の業績は悪化していきました。後発大手企業の資金力に対抗できず、設備投資費が重くのしかかり、売り上げは伸びても赤字が増えていく状態に陥ったのです。

さらに、二〇〇五年一一月に発覚した耐震偽装事件によって、建築確認申請が厳しくなったことも追い打ちをかけました。テレビや新聞で毎日のように悪徳リフォーム業者の報道が流れると、ショールームの来店者数は急減に落ち込んでいきました。ついに、私はシニア向けの来店型住宅事業からの撤退を決意し、都内四店舗のショールーム、資材倉庫を全店舗閉鎖しました。なんとしても「nagomi」を成功させなければ、会社の明日はありません。

私は、ビジネスモデルの転換をするため、事業計画を作り直して投資説明会を開き、時間も費用もかかるが「シニアの元気」というご利用者のニーズがあるのだと、一貫して理念を語りました。

「介護予防事業は、多くのシニアの快適な老後に欠かせないものです。それを実現するのが私の夢です」

しかし、新たな事業のために億単位の資金が必要だと説明すると、銀行、ベンチャーキャピタル、証券会社などの金融機関は帰って行きました。私は、興味を持ってくれた二、三社のベンチャーキャピタルに、「nagomi」のコンセプトを自信をもって訴えました。「一点突破で介護予防に取り組めば、絶対にうまくいきます」と。結局、一社のベンチャーキャピタルが出資を引き受けてくれることになりました。

こうした背景を経たうえで、二〇〇七年九月、ようやくそれまでの試行錯誤が新たな形になりました。事業コンセプトを、「慢性疾患等を中心とした軽度認定者を対象とし、マシンを使わない機能訓練に特化する」と改めて明確化し、「シニアフイットネス和みスタジオ」大泉学園店は「リハビリデイサービス『nagomi』」大泉学園店として業態をブラッシュアップし、新たに出発することになったのです。

さらに二か月後の一一月、「nagomi」大泉学園店のノウハウと実績をもって、二号店となる「nagomi」千川店をオープンしました。

千川店は順調にスタートし、予想以上の短期間で利益が上がりました。長かった赤字の時期が終わり、二〇〇七年度第四四半期（一月～三月）の業績は、V字を描いて回復しました。私の理念を信じて出資をしてもらった資金をすべてつぎ込み、「nagomi」によってようやく黒字に転換したのです。私はそれまで追い続けてきた「nagomi」のスタイルが間違いないことを確信しました。

リーマンショックによる世界的規模の金融危機で一〇〇年に一度の不況といわれた二〇〇九年三月期は弊社の第一〇期というメモリアル決算期でもありましたが、数年前からのビジネスモデル再構築が功を奏し、過去最高益という形で終えることができました。どんな状況下にあってもぶれることなく理念・目的を徹底的に追求すれば、必ず成果は出る。そして、強固な支援者も現れるものだと、この時ほど実感したことはありませんでした。

「nagomi」は三方よしのビジネスモデル

イー・ライフ・グループが「nagomi」事業によってV字回復を遂げられたのは、「誰に」「何を」「誰が」「どのように」提供するかを明確化し、事業全体の好循環を確立したからです。

デイサービスでは、画一的な介護と一年三六五日朝から晩までの「お預かり型」が一般的です。しかし、この体制を維持するためには、スタッフへの長時間の重労働が必要です。過剰に「人」へ依存したシステムはサービスの質の低下を招くことになります。結果として、現在の離職率二〇％以上という状態を作り出していま す。「介護は苦労が多いわりに賃金が低く、将来の展望も見出せない」という風潮により、慢性的な人出不足に陥っています。そのことがまた、現場で働くスタッフの負担となっていくという悪循環を生んでいるのです。

「nagomi」では、メインターゲットを絞り込み、マシンを使わず、インストラクター一名に対し、一五名のご利用者の機能訓練に特化するという業態を確立したことで、営業時間を短くし、スタッフの業務負担を軽減することに成功しました。また、食事、入浴などをしないことで、それに付随する施設が不要となり、低投資が可能になりました。その結果、離職率五％以下という定着率を実現することができました。また、継続雇用による社内ノウハウの蓄積、新たなニーズを喚起することでサービス領域の拡大にも挑戦することができます。こうしたシステムによって、スタッフの自己成長や自己実現を促すこともできるという好循環が生まれたのです。

また、専門家による機能訓練や運動プログラムによって、六か月利用した人では、要介護度が九％で改善、七一％で維持、一年継続した人では、要介護度が一六％で改善、六四％で維持と、約八割のご利用者に効果があるという高い数字で示されていることは、第一章でも述べたとおりです。こうした結果から、私が起業した当初からの目的である「健康的なシニアライフの創造」を果たしており、ご利用者の一生涯現役の実現に寄与できていると考えています。

さらに言えば、こうした効果はご利用者個々人だけに留まりません。日本では今、要介護認定者の二人に一人が、一年間で要介護度を悪化させています。このことが介護給付費が膨れ上がっていく原因の一つになっています。仮に、要支援2の人を悪化させることなく一年間留まらせることができれば、一人当たり年間四三万五〇〇〇円の介護給付費を抑制することができると、二〇〇八年一二月、厚生労働省で試算結果が発表されています。「nagomi」の平均的な要介護度は要支援2ですから、一店舗一〇〇人で四三五〇万円もの介護給付費の抑制になっています。短期ビジョンである一〇〇店出店すると、年間四三億五〇〇〇万円の抑制になります。

つまり、「nagomi」のビジネスモデルは、ご利用者個人の健康を維持・改善し元気な生活に寄与できるのみならず、介護給付費の抑制を通して社会全体に貢献できる。さらに、会社も事業収益を上げ、そこに所属するスタッフも豊かになるという「三方よし」、Win-Win-Winのビジネスモデルなのです。

運動プログラムの標準化を初めて実現

さて、二号店である「nagomi」千川店がオープンしてしばらくすると、新たな課題が出てきました。一号店である大泉学園店のご利用者から退所する人が出てきたのです。調べてみると、大泉学園店で運動プログラムを担当していたインストラクターを千川店に異動させたため、新しいインストラクターに馴染めない人たちが退所していったことがわかりました。大泉学園店のご利用者は、「nagomi」のシステムにではなく、そのインストラクター個人についていたのです。「nagomi」をさらに展開していくには、インストラクターでなく、「nagomi」そのものにご利用者がついてくれるようにしなければなりません。

どうしたものかと思案し、何かヒントを得ようとフィットネスクラブに行き、レッスン型エクササイズを見続けました。フィットネスクラブでは人気のあるインストラクターにはたくさんの生徒がついていますが、人気のないインストラクターのもとは閑散としています。さらに調べてみると、インストラクターは運動プログラムの開発とコミュニケーションの二つの仕事をしていることがわかってきました。

「nagomi」でも、インストラクターはプログラム開発とコミュニケーションの両方を担っていましたが、これではインストラクターの負担が大きく、そして、属人性も大きく内容による差も大きくなります。そこで、科学的根拠にもとづく運動プログラムを本部で一括して開発、標準化し、どの店舗でも同じ運動プログラムを行えるようにし、インストラクターにはコミュニケーションに集中してもらうことにしました。

問題は、本部でのプログラムの開発方法です。プログラムを変えなければご利用者は飽きてしまうのではないか、どのくらいの頻度で変えるべきなのか、どの程度変えなければいけないのか。そもそも、運動を標準化することはできるのか？

ひらめいたのは、ある朝、自宅近くの公園を歩いていて、大きな広場で三〇〇～四〇〇人もの人たちが集まってラジオ体操をしているのを見た時でした。

「インストラクターがいなくとも、みんなが同じ動きをしている。運動の標準化はできる」

ラジオ体操は長年行われているにもかかわらず、同じことの繰り返しだからといって飽きる人はいません。プログラムを続行していく場であるコミュニティを上手に作りあげれば、あとは微調整で十分なのだと思いました。八～九割は同じ運動の繰り返しにし、残りの一～二割を季節に応じて調整すればよい、そう考えがまとまりました。

さっそく、プログラムの開発のため、多くのトレーナーや理学療法士に助力を求めて会いに行きました。なかなか見つからずあきらめて自分で作ろうともしましたが、最終的に理学療法士の永井美香子先生に出会うことができました。
その後の運動プログラムを完成させるまでの過程は、第二章に書いた通りです。永井先生が運動プログラムをインストラクターに教え、そのインストラクターに合わせてご利用者が動く。見事にプログラムが一人立ちしていました。

徹底した標準化と再現性を確保

本部で運動プログラムを開発をするようになったことで、運動プログラムを標準化することができ、結果として質の担保ができるようになりました。そのことによって、新たに店舗を出しても同じサービスを提供できるという素地が完成しました。これは、運動プログラムの標準化による再現性の確保が達成されたと言い換えることもできます。

私が初めてデイサービス事業に参入したころに感じた違和感の一つとして、介護内容が標準化されていないという問題点について書きましたが、当時から、介護業界ではほとんど意識されていない標準化を確立し、ヒト・ハコ・メニューのすべての面において、標準化による再現性の確保を可能にしたいと考えてきました。本部による運動プログラムの開発はその一歩です。

標準化と再現性がなければ、マネジメントも、リスク管理もできません。大泉学園店のインストラクターの例のように、人が変わるだけでうまくいかなくなるという事態が起こるからです。標準化を進め、再現性を高めることで、サービスの質がご利用者と接しているスタッフの質のみによって決まる状態から脱却し、現場スタッフに過剰な負担をかけずに、全体の質の向上にもつながります。

第4章で詳しく説明しますが、ヒトに関しては、施設長・生活指導員・インストラクター・看護師という四人で一つの施設を運営する体制を標準化しました。各店舗で人数と役割分担を固定し、営業トークや運動プログラム中の声かけなど、細かな点までマニュアルを作成して誰でも同じように作業ができるようにしています。どの店舗でも同じ仕組みで運営できるように徹底したのです。

ハコについては、それぞれの店舗の色や造り、壁や床などから始まり、中国の工場をグループ化して外装の建材や安全に配慮した低重心のイスに至るまで、統一した規格品を自社開発・生産をするようにしています。また、千川店での実践の結果、三〇坪程度の広さがあれば十分だとわかったので、この広さを施設の面積の標準としました。ちなみに、この面積は標準的なコンビニエンスストアの面積と同じくらいなので、店舗展開していくにあたっては、コンビニエンスストアの跡地が有力候補になっています。

これらの標準化によって、どの店舗でも使い勝手はさほど変わらず、設立コストを抑えることができるようになりました。

「nagomi」ブランドは、こうした徹底した標準化と再現性によって、構築され店舗数を増やしていきました。

Message②

常に前向きで勉強熱心な姿勢

株式会社ピュアホームズ　代表取締役社長　嶋田　悟志

小川社長とは一九九九年一月、私が中途採用で入社した会社で、知り合いました。入社後数か月してから小川社長の部下となり、厳しく指導を受けておりましたが、日々、優秀な営業マンとして活躍する小川社長は、仕事の切り上げも早く、稼ぎの少ない私に、毎日のようにご馳走してくださいました。

それが、同年六月のある日、突然「明日、辞表を持ってこい。会社を作る」と言われました。私も言われるがまま、辞表を提出しました。きっと、会社よりも、小川社長に魅力があったからだと思います。イー・ライフ・グループ株式会社の前進となる会社の立ち上げから、関わらせていただきましたが、私も独立心が強く、翌年には独立をさせてもらいました。

その後もずっとお付き合いは続いており、今も公私共にお世話になっております。「nagomi」事業に関わらせていただいたり、プライベートではお互い妻同士が同じ年、子どもも三人ずつということもあり、旅行や食事などご一緒したり、家族ぐるみのお付き合いをさせていただいております。

その間、経営の良い時、悪い時をおよそ一二年、見てきましたが、小川社長の常に前向きで勉強熱心な姿勢を心から尊敬します。

これからも、私の恩師として、取引先として、時には、友人として、お付き合いさせていただきたいと思います。

第4章

ライセンス制を展開
介護予防事業のさらなる拡大へ

Next Stag

一気通貫のビジネスモデル設計

二〇〇八年四月、私たちは「シニア元気化プロジェクト」を掲げました。「ご利用者の健康維持・改善を通じて、関わる人々の幸福を増進する」という目的のもと、一店舗一〇〇名のご利用者を集め、全国一〇〇店舗体制を二〇一三年三月までに達成するという中期ビジョンです。

前年一一月にオープンした二号店「nagomi」千川店が翌年二月に黒字化し、業績がV字回復をする兆しを見てとった私は、このプロジェクトの構想を練りはじめました。回復の状態を見れば、明らかに次の年度に向けて新しい戦略を示す時だと判断したのです。

しかし、その狙いは、単なる売り上げや事業所数、従業員数といった規模の拡大だけではありません。「シニアの元気」を通じて事業の継続性（＝収益性）を確保するビジネスモデルを全国へ広めていくというミッションに基づくプロジェクトです。

このプロジェクトの実現のために、一気通貫の成長戦略を設計する必要がありました。そのために、全国ファーストワン戦略と地域ナンバーワン戦略をとることにしました。本部では、店舗開発、プログラム開発、人材教育の標準化と再現性の確保に加え、管理や加盟店開発に力を入れる必要がありました。店舗オペレーションに関しては、サービスの提供、営業、ケアプラン、アフターケア、クレーム処理、コンプライアンスなどの標準化と再現性の確保が重要になります。

第4章では、イー・ライフ・グループにおける戦略、本部マネジメント、人材教育と店舗開発について、その骨子を紹介したいと思います。

全国ファーストワン戦略、地域ナンバーワン戦略

「シニア元気化プロジェクト」を展開するにあたっては、「介護予防」分野に進出するときと同様、やはり〝ファーストワン〟がキーワードになりました。

介護保険制度の改正の流れをみると、近い将来、介護予防が注目されることは間違いなかったため、それまでに〝ファーストワン〟の立場を確立する、つまり、できるだけ早く市場シェアを確保し、早期に成功・失敗体験を蓄積して先駆者としてのメリットを得ようと考えました。リハビリデイサービスでトップシェアを獲得す

れば、全国で認知度がアップし、本部のマネジメントに有利であり、より多くのご利用者にサービスを提供できます。

そのためには、サービスの質を落とさずにスピード感をもって推進することが重要です。私は、一般的なペースの三倍の速さで店舗展開をしなければならないと考えました。しかし、一〇〇店舗を直営で経営しようとすれば一二億円の資金が必要になります。これは会社の規模からして適正ではありません。そこで、私は他の企業と組むフランチャイズ展開を行うことにしました。

介護保険制度は、そもそも各地域に根ざしたローカルルールにより、地域の事業者によって行われるのが本来の姿です。いわば「地産地消」モデルであるべきです。全国各地の地元の優良企業に運営してもらうフランチャイズ方式は、介護保険制度の理に適っていると考えました。また、フランチャイズ方式であれば、自社のノウハウが提供できますし、プログラムの共同開発ができます。いわば共同購入のようなものですから、そのメリットは互いに大きなものになります。

ただし、フランチャイズ方式といっても、私たちはエリア本部を置いてそこからいろいろな企業に販売権を売るといった方式は行っていません。すべてのフランチャイズは、私から加盟店へ直接契約の話をしています。管理階層を間において任せる「ピラミッド式」ではなく、私が直接に決定していく「文鎮式」です。これは、私たちの理念に共感していただける事業者とだけ組むためです。私が直接、事業者に理念を伝えることによってのみ、「nagomi」の再現性が保たれるのだと考えているからです。ですから、加盟店の募集に際しては必ず私自身でプレゼンをし、厳格な審査を行っています。

フランチャイズ展開においてはまず店舗出店場所の基準を設け、三〇分の送迎圏内にメインターゲットである要支援1・2と要介護1・2の認定者が二五〇〇人以上いることとしました。なぜなら、既存店の実績では地域におけるシェア率が四%であり、一事業所に一〇〇人のご利用者を集めるためには、逆算して二五〇〇人の潜在利用者が必要になるからです。

さらに、その地域に一年内に三店舗から五店舗をまとめて展開していくドミナント戦略で経営効率を高め、地域内でのシェアを確保し、優位に進めていくこととしました。ドミナント出店によって地域のケアマネジャーに「nagomi」ブランドを認知してもらうことで、コミュニケーションがとりやすくなりますし、ケアマネジャーに「nagomi」の機能訓練などの効果を客観的に認識してもらうことで、その地域では「nagomi」が「予防介護のナンバーワン」であると納得していただける自信があったからです。

「nagomi」はこのように、フランチャイズ展開による地域ナンバーワン戦略をとることで、全国ファーストワン戦略を達成していきました。

本部マネジメント機能の強化

理念を共有するフランチャイズ方式を導入した本部マネジメントには、いずれはサービス業ではなじみのないＳＰＡ（specialty store retailer of private label apparel）という経営手法を取り入れていきたいと考えています。

ＳＰＡは自社で商品開発を行い、製造、販売まで一貫して行う手法で、流通経路が短く、効率的でスピーディーな展開ができることが特徴です。アパレル専門店、家具およびインテリアショップなどの分野の大手企業が採用しています。

ＳＰＡを行っている企業では、顧客のニーズがあるものだけを生産する「マーケットイン」という手法が併用されることがあります。顧客の要望にあわせて一つのプロダクトを作り、その反応・結果をマーケティングして新しいプロダクトを作るというサイクルの繰り返しです。従来の方法では、多くの有力なアパレル専門店は基本的に他社商品の代理店であり、店頭の販売員がお客様に試着を勧めるなどして売り上げを作ってきました。しかしながら、SPAを採用しているある大手アパレル企業では、商品を顧客に勧める人は誰もいません。売れたものがよい商品なのだという立場でデータをとり、売れた商品の魅力を徹底的に追求して次の商品を自社開発します。

私たちもヒト・ハコ・メニューをすべて自分たちで作り、効果があるもの、継続できるものだけをスピーディーにどんどん深掘りし、それ以外は削ぎ落としていくような体制を作りたいと考えています。「nagomi」は機能訓練だけに特化し、それをひたすら深めていくつもりです。そのなかで、もしも他のニーズが出てきた場合には、そのニーズに対応した別のサービス、業態を作ることで拡大していくつもりです。

しかし、「nagomi」を確立したばかりのころは、とてもすべてを自社でまかなう資金力はありませんでした。そこで、まずはファブレスメーカー（工場を持たない製造業者）という考え方で始めました。ファブレスメーカーとは、自社工場を持たず、他社の工場のラインを借りて商品を製造するという会社を意味しています。前出の大手アパレル企業もそうなのですが、現在はＳＰＡを展開している企業ではファブレスメーカーとして出発しているところがかなり多くあったので、その手法を取り入れたのです。

「nagomi」の店舗の企画・設計・施工・業務は、初期から自社で行っていましたが、部材・家具等の生産は工場も持つこともできなかったので、最初は提携から始めました。ようやく規模が大きくなってきたので工場を持つべきだと判断し、二〇〇八年に提携していた中国の会社をグループ企業化しました。現在では、建材・家具などのすべてにおいて、ご利用者が使いやすいように自社で設計したものを量産できる体制になりました。

人材教育においても、研修内容などは人材教育会社の一部協力を得て開発しました。いずれはホームヘルパー養成学校や人材派遣事業、キャリアパスの形成まですべて自社のグループ企業内に体系化していきたいと構想しています。運動プログラ

家具・共通部材等の生産を行っている中国上海にある工場（二叶（上海）家具装飾有限公司）

ムでは、筑波大学発ベンチャー企業株式会社つくばウエルネスリサーチとの共同研究としてデータを蓄積・解析し、開発しています。いつか科学者を抱えて独自のシンクタンクを持ちたいと考えています。

こうした体制が確立できたあかつきには、シニアからの多様なニーズに対応した新たなサービス、いかなる業態も展開することができるようになるでしょう。

意欲のある人が伸びる人材教育

「nagomi」の人材開発のテーマは「長期雇用による社内ノウハウの蓄積」です。

現在の正規雇用率は看護師以外は一〇〇

%、離職率は全店舗平均で五%以下です。男女比率も女性にかたよっているということはなく、ほぼ五対五にしています。土日と年末年始、お盆、ゴールデンウィークで年間一一四日程度の休日を確保し、徹底した低投資、ローコストオペレーションの実現によって業界平均の一二〇%の給与水準を達成しました。この整備された労働環境が、定着率を支えていると考えています。長期勤務者の増加により、社内人材の開発育成も体系化されてきています。

介護業界では異例のこうした労働環境を「nagomi」が維持できているのは、インストラクター一人で一五人のご利用者に対応しているため、労働分配率が高く、利益をあげやすいからです。

つまりそれは、「nagomi」ではご利用者の健康維持・改善、ご利用者が元気になるということがすべてであり、それが達成できなければ事業が成り立たない仕組みになっているということでもあります。だからこそ、標準化・体系化を行い、高い再現性を確保しなければなりません。このことを十分に理解し、実践するには、初期段階の研修が非常に重要になっています。

そのために、加盟店のスタッフを含め、すべての新規スタッフには本部の研修センターで、弊社の理念を伝えるとともに、サービスの質を担保するための研修を行っています。

先述の通り、各店舗は、施設長、生活相談員、インストラクター（介護職員）、看護師の四人体制で、看護師以外はすべて正社員です。体育会系の若いスタッフを中心に採用しています。施設長と生活相談員になるスタッフには、研修センターで二週間の理念研修、業界知識などの座学を受けてもらいます。卒業テストの実施後、さらに現場で一か月間の研修を行います。インストラクターの場合は、本部で三週間、現場で一か月間の研修を行います。これにより、徹底した再現性を図っています。研修を終えて卒業テストに合格できなければ、現場に立つことはできません。

「nagomi」の研修では、まずこれまでの介護へのイメージや経験をゼロベースに戻すところから始めます。機能訓練に特化し、ご利用者の身体機能の維持・改善を目指す「nagomi」では、従来の「手伝ってあげる」という介護のイメージが邪魔になってしまうことがあるからです。

その上で「目的を追求しよう」「目的からぶれないようにしよう」ということを繰り返し伝えています。ご利用者に安全にサービスを利用してもらい、元気になってもらうことが「目的」であり、その目的意識を最初にきっちり持ってもらうのです。この研修プログラムでは、専門の研修会社にも協力してもらい、心理学を効果的に用いています。膨大な時間と多額の費用をかけて現在の研修スタイルを確立したのは、業績が完全に回復するよりも以前の、二〇〇八年の一〇月のことでした。

さまざまな研修のなかでも、運動プログラムの再現性を保つ役割を担うインストラクターの研修は、特に厳しいものとなっています。

運動プログラムはパッケージ化しており、ご利用者への効果的な声かけの内容まで計算して作られています。これをすべて覚えるのは大変なことです。研修生は直営店で実習を行いますが、ご利用者は長く通っている人が多いので、少しでも間違った指導をすると、すぐにご利用者からも指摘されてしまいます。

とはいえ、研修では、マニュアルに書いてあることを逐一教えているというわけでは決してありません。むしろマニュアルの内容は最小限の基本的な動作と知識以外はまったく教えておらず、不測の事態や事故への対応などマニュアルにない状況での対処法などを教えています。研修生たちは三週間の研修でいくつかの試験を経て卒業試験をクリアしなければなりませんが、マニュアルは各自で読んで学ぶしかないのです。最終日には、達成感が深まり、涙が出る研修となります。

厳しいと思いますが、しかし、学ぶ意欲や成長したいという気持ちを持つ人は、まず問題なくクリアできています。

これは、私が「人が成長するには、本人の意欲と考える力と運が必要だ」と考えているからです。本人が成長したいと思い、自分が成長したいと思うことに対してどう取り組むかを考える力も持たなければ、成長はありえません。もう一つの運の最大の要素は「誰といっしょにやるか」だと考えます。

研修の際には、マニュアルは大切だが理念を具現化するための最低限のものである、と何度も伝えます。一から一〇まで覚えたマニュアル通りに動くだけのような研修では、それ以上のことはできないどころか、むしろ一〇のうちのいくつかが抜けるものです。しかし、理念で一本の軸を通しながら自分で考える力を育み、基礎を教えれば一〇まで自力でこなせるようになり、さらに自分で考えていくことができるようになります。端的に言えば、マニュアルは規定のもの、基準のものとして自分で覚え、それをベースに、さらに自分自身で考えていける人になってほしいと考えています。

さらに今後は、新しいキャリアパスを作るための研修を始める予定です。これまでのように水平展開の仕事であれば現在のマニュアルだけでも問題ありませんが、それぞれの社員がキャリアを求め、商品開発、店舗開発といった次のステップに行きたいと指向した時には、キャリアパスが必要になるからです。

また、将来的には、DFC（ダイレクトフランチャイズ＝社内独立）制度も構築し、「将来は自分の施設を持ちたい」「現在のスキルを活かして開業したい」「地元に帰って開業したい」など、独立志向の強いスタッフのキャリアプランに道筋をつけていこうと思っています。

人物本位で新卒、第二新卒を積極的に採用

「nagomi」スタッフの採用基準は、「私たちの理念に共感してくれているか」「目標を達成するために欠かせないエネルギー量を持っているか」です。つまり、私たちの理念を理解し共感している人とは仕事を志事と捉え働ける人であり、目標を達成するためのエネルギーを持った人であれば、その過程で待ち受けるどんな苦労や

困難もいとわず、突き進むからです。

そのような人であれば、年齢も介護経験も関係ありません。新卒者はもちろん、第二新卒者を積極的に採用しています。

介護業界では一般的に、施設長は四〇代や五〇代が多く、三〇代では若いと言われます。しかし、「nagomi」では二〇代でも適任者だと思えば施設長に抜擢しています。事実、二〇一〇年一〇月に新しくオープンした店舗では、大学新卒で入社して四年目、二六歳の長島を施設長に任命しました。まだ大泉学園店と千川店の二店舗しかなかったころに採用したスタッフです。

彼は、インストラクターとしてキャリアを始め、大泉学園店で試行錯誤していたころの運動プログラムの開発に関わり、新規インストラクターの育成も担当した逸材です。

施設長になると「nagomi」のなかの業務だけではなく、ご利用者のご自宅を訪ねたり、ケアマネジャーを頻繁に訪問したりといった業務が増えますが、最初は「若い施設長さんですね」と驚かれることもあったそうです。しかし、ご利用者やその家族の話に耳を傾け、「nagomi」が目指している理念を伝えていくうちに、本人はもとより家族もケアマネジャーも信頼してくれるようになったと言います。「年齢は関係ない」とは彼の言ですが、この新規店舗の担当地域で、彼が絶大な信頼を得ていることは私も知っています。

そんな彼の、インストラクター時代の印象的な話があります。

「『ここちヨガ®』の時は眠くなるのに、家に帰ると夜も眠れない」と、あるご利用者のおじいさんに悩みを打ち明けられたそうです。彼は、家でも「ここちヨガ®」の時に流している音楽を聴けば眠くなるのではと思い、その音楽を収めたCDを渡すと約束したそうです。しかし、その後、おじいさんは体調を崩し、『nagomi』に来られなくなり、結局CDを渡せないまま、おじいさんは亡くなってしまいました。悔やんでいたところ、おじいさんの奥様から手紙が届きました。

「自宅では不自由な身体になりながらも『nagomi』で覚えた運動を度々試みていました。『nagomi』に行くと元気になるからと、最期まで『nagomi』に行きたいと言っていました、ありがとうございました。そんな、丁寧なお礼の手紙でした。楽しみにしていてくれたのかと、胸が詰まる思いでした」

そう述懐する彼は、その時、「nagomi」の責任の重さを学んだと同時に、仕事のやりがいを見出したと言います。

人との深い関わり合いのなかで多くを吸収していく、そうした経験の積み重ねがご利用者と向かい合う態度にも表れていくのかもしれません。彼は「自分の成長を実感する」と自身の仕事に誇りをもって店舗の運営に取り組んでいます。

加盟店の五〇％以上は介護関連業者

加盟店としてパートナーを選ぶ時も、「人を大切にしている会社であり経営者であるか」を重視して判断しています。具体的には、就業規則と業績とが連動しているか、正社員雇用比率・平均勤続年数・労働分配率などを改善するためのビジネスモデルを構築しているか、適切な採用コストと方法・キャリアパス・人事考課のシステムを設計しているかなどを判断の材料にしています。

ほかにもいくつかの判断要素がありますが、私個人のフィーリングによる好き嫌いも考慮します。私は必ず、事業者と直接会って説明し、判断しています。長期にわたるパートナーシップを締結する、いわば末永いお付き合いが前提ですから、こうしたことも見逃せないと考えています。私が加盟時にポイントを押さえておくことで、信頼関係ができているのではないかと思います。一般的なフランチャイズでは、一〇%、一五%は撤退する事業者があるものですが、弊社ではゼロであることが、その証明になっています。

「nagomi」のフランチャイズ事業の特徴の一つは、加盟店の三〇%以上が同業者、その他二〇%以上が福祉用具貸与、薬局、フィットネスなどの隣接事業者であることです。他の介護フランチャイズ事業で同業者が加盟することはほとんどないはずですが、「nagomi」の場合、「ヒト、ハコ、メニュー」の徹底した標準化、既存事業との相乗効果の最大化、本部・加盟事業者間における永続的なパートナーシップなどによって、経営投資として魅力的で、かつ判断がしやすくなっているためだと考えられます。

例えば、二〇〇六年から介護事業に参入し、当初から介護予防を目的とした運動中心のデイサービスを提供していた株式会社アクセスは、「nagomi」のフランチャイズに加盟し、二〇〇九年一二月に「nagomi」大久保店をオープンしました。そして、それまでは三年間取得できなかった「事業所評価加算」を、一年目の評価で取得することができました。「事業所評価加算」はサービスの提供を通してご利用者の要支援状態の維持・改善が一定以上となった場合に評価されるもので、要介護度の維持・改善の公的な評価の一つです。○・七以上が基準適合事業所の算定要件ですが、「nagomi」大久保店は一・○以上という評価でした。これは、同社社長が関心を示していた「nagomi」のビジネスモデルと運動プログラムの確かさ、人材教育のシステム導入などの成果だと考えられます。

第2章で詳しく述べたように、これまで介護予防効果については「数値的な裏付け」が難しく、あいまいな部分が非常に多かったのですが、「nagomi」ではそこを数値により明確化して「客観的評価」を得ることができ、科学的根拠にもとづく運動プログラムを「nagomi」の全店舗でリーズナブルに利用できるように努力してきました。その結果、高い再現性が保持されたことが、フランチャイズ加盟店での事業所評価加算の取得という評価を可能にしたのです。

「nagomi」のフランチャイズ事業のもう一つの特徴は、短期間のうちに多くの事業者が多店舗展開を果たしていることです。「nagomi」ブランドが多くの加盟店にとって魅力的なビジネスモデルであることの証左といえるでしょう。

標準化で実現した高品質・ローコストの店舗開発

フランチャイズ式の「nagomi」の多店舗展開において、その速さとサービスの質をハードの面から下支えしてきたのが、高品質・ローコストの店舗開発の構築です。

以前にも触れたように、店舗開発においても徹底した標準化を進めて効率化を図っており、施工費などのコスト抑制にも挑戦し続けています。企画（不動産）、設計、施工はイー・ライフ・グループ内の専門チームで行っており、デザイン性、機能性にすぐれた無駄のない空間設計を構築し、全国の店舗施設のクオリティを維持しています。二〇一〇年、東京都バリアフリー推進協議会の「住まいバリアフリーコンペティション」では最優秀賞を受賞することができました。

エクササイズにも安全に使用できる低重心設計のイス、休憩時間に利用者同士やスタッフがコミュニケーションを取りやすい大きさと高さを最適化した机など、共通の家具や共有部材、資材は各国から調達し、中国・上海の直営工場で生産しているため、他社の半額から三分の二程度の価格で実現しています。

しかも、レッスン型エクササイズが中心となるのでトレーニングマシンなどの費用がかからず、食堂や浴室などの水回り、リフト設備・車イス対応のスロープ・送迎用のリフト車といった一般の介護事業で必要とされる設備もいりません。その結果、施工費などの初期設備投資は、標準で六五〇万円という破格のローコストになっています。

立地も、なにも駅前の一等地である必要はありません。床面積が二五〜三五坪ですむことから、住宅街や商店街のなかにある空き店舗、特にコンビニエンスストア跡地や倉庫などが最適な場所といえます。また、ドミナント出店を戦略としているため、指定業者への計画的かつ複数店一括発注が可能で、これらの要素も施工費の削減に役立っています。

数値で測るプログラムの成果――共同研究と経験則

「nagomi」のサービスの質の核ともいえるソフトの面を支えているのは、「シニアの元気」を担保するメニュー、運動プログラムの品質管理です。

第２章で述べたように、理学療法士の永井先生と共同で開発しており、現在も季節別プログラムなど本部で一緒に考えてもらっています。また、筑波大学発ベンチャー企業株式会社つくばウエルネスリサーチで、毎月はじめの体力測定の数値をもとに、効果を調査・検証してフィードバックを得ています。握力の向上など、統計的に有意な改善が生じているのは前述した通りです。一社で念出すると膨大なコストとなりますが、加盟店含め共同開発（共同購入）の形をとれば安価に実現することが可能になります。また、日常的なメニュー運用の成果の確認として、ご利用者の出席率・転倒率・改善値などの数字は目に見て測ることができ、正しくサービスが運用されているかどうかをチェックする指標として活用することができます。

例えば、さまざまな事例の分析結果より、ご利用者の出席率は八割程度が正常という基準値を設定しています。八割よりも低ければ、スタッフとのコミュニケーションに問題があるか、ご利用者の欠席時の振り替え日のご案内が徹底されていないといった原因が必ずありますから、店舗に行ってチェックをします。では九割、九・五割ならよいのかというと、それも問題があります。利用率が高すぎるのはインストラクター個人にご利用者がつく状態になっている可能性が考えられるからです。これを放置すると、インストラクターが変更になった途端に出席率が下がったり、退所するご利用者が発生したりしかねません。出席率が高すぎる店舗では、あえてインストラクターなどスタッフの異動といった処置を考えます。

利用率、転倒率などには、正しく運用されている時の「正常値」というものが存在しており、そこから外れた「異常値」を示す時は、どこかに特異な要素が存在しています。数字は明確な指標であり、ご利用者のニーズや問題点を掘り下げるための科学的根拠として用いています。

ボトムアップのマネジメントシステム

こうして店舗数が増えるにつれ、各店舗でのマネジメント・レポートラインも、標準化し、確立されてきました。

マネジメントにおいては、全店舗の施設長から毎日送られてくる営業報告メールのすべてに私が目を通しています。こちらから返信するのは通常とは違う数値や出来事があった場合だけですが、常に店舗から本部へというボトムアップのコミュニケーションの流れを作ることで、本部に対してイレギュラーな提案や、クレームを上げやすくしています。もしも、本部から各店舗に「どうなっているか？」といった逆の流れのコミュニケーションが日常化すると、現場は指示待ちになり、トラブルがあっても、聞かれなければ答えないという態度になりやすいからです。

施設長会議は月に二回開かれますが、これは本部のマネジャークラスが主体になっています。翌日、会議の議事録提出という形で報告は受けていますが、私は出席しません。会議だからといって私がすべて出席してしまうと、やはりトップダウンになり、中間のマネジャークラスが育たないからです。

私が主催する会議自体は株主総会、取締役会、そして、三か月に一度、直営の店舗のスタッフが集まって開いている四半期ミーティングです。この席では私が直接スタッフに語りかけて過去の振り返りと今後の目標を徹底していきます。その後の懇親会では、過去三か月間に入社した新入社員の紹介と、誕生日を迎えたスタッフの紹介なども行い、なごやかな雰囲気のパーティにしています。

これとは別に、近隣の三～四つの店舗から計一〇名程度のスタッフが集まるエリア懇親会にも出席し、地域における交流を図るとともに、スタッフとの私との距離が遠くなりすぎないような配慮もしています。

一方、フランチャイズのオーナーとは年二回オーナー会議を開き、加盟事業者同士の接点を作っています。

スタッフ一人ひとりから地域へさらに全店舗へと、点から線へ、線から面へと広がっていくマネジメントを目指しています。

店舗営業の徹底したマニュアル化

店舗のオペレーションのマニュアルも徹底して標準化しています。

各店舗では、主に施設長が中心となって近隣地域への営業を行いますが、施設長は必ずしも営業経験者ではないので、営業戦略についても経験をもとに明確な標準化を図りました。例えば、居宅介護支援事業所への新店舗開設の営業では、①最初の一分で名刺交換をして挨拶、②持参したコンピュータで五分間のＤＶＤを見ていただき、③最後の一分で店舗の〝お披露目会〟の案内を渡す――という「七分間営業」に徹しています。

ともかく先方にＤＶＤを見ていただくことに力を注ぎ、その代わり一人でも多くのケアマネジャーと接触する機会を作ってもらいます。そして、ただ〝お披露目会〟の案内を渡すだけでなく、できる限り来ていただける日時をその場で設定することが重要なポイントであると教えています。こうした営業の一連の流れをスムーズにこなせるように、研修で実地訓練をします。もし、実際に店舗運用をはじめて業績が計画値に達していない場合は、訪問件数、お披露目会出席率等の行動量が足りないのか、または、紹介率、契約率等の本人の理解力、プレゼンテーション力が足りないのか、営業の一連の流れを細かく分解し、数値で分析後、スーパーバイザーがサポートします。

〝お披露目会〟は単なる新店舗の見学会ではありません。ケアマネジャーに「ここちヨガ®」やエクササイズを体験してもらい、その効果を実感してもらう会にしています。そうすることで、「nagomi」のサービス内容への理解が深まり、ご利用者紹介へとつながりやすくなります。「nagomi」は居宅介護支援事業所を併設していないため、ご利用者の獲得はすべて外部のケアマネジャーの紹介にかかっていますが、これまで、開設六か月で損益分岐ラインである五〇～六〇人の登録者数を超えるのが目標ですが、開設初月で五〇名、六〇名の店舗もあり、なかには八〇名を超える店舗も出てきました。

店舗においては、営業やそのフォローだけでなく、ケアプランの作成、ご利用者の送迎などに至るまで、マニュアル化が行われています。毎日の結果は日報によって本部に届き、よい結果が出た取り組みなどは本部での会議を通じてすべての店舗にフィードバックされています。

システム・コンプライアンスについては、大手介護事業者と連携をとり、最新情報の共有も含めてパッケージ化しています。これによって、全店舗間のリスクマネジメント体制が整備されました。

フランチャイズからライセンス制へ

これらの戦略をもって、「nagomi」はフランチャイズ展開を行ってきました。

思えば、二〇〇八年四月に「シニア元気化プロジェクト」を唱え、フランチャイズ展開を決定した時は、まだ業績もようやく回復しはじめたばかりで、それから三年あまり、理念と質にこだわり、興味をもってくださった事業者のなかでも一〇〇社以上の申し込みを断ることもありました。しかし、二〇一一年七月現在、

「nagomi」は、直営一三、フランチャイズ五九、あわせて七二店舗体制となっています。破竹の勢いで開店準備が進んでおり、当初目標の二〇一三年三月よりも一年早く、二〇一二年三月には全国一〇〇店舗となる予定です。「一万人のシニアを元気に！」を合言葉にはじめた、「シニア元気化プロジェクト」が達成される日は目の前に迫っています。しかし、これは第一フェーズに過ぎません。「ご利用者の健康維持・改善を通じて、関わる人々の幸福を増進する」という理念のさらなる実現のため、新たなビジョンを設定することになりました。

「nagomi」では、二〇一〇年八月末をもって、フランチャイズ加盟店の募集を終了しました。そして、これからは事業展開として「ライセンス制」を行っていきます。ライセンス制とは、すでに医療を含む介護事業を展開している法人に、「nagomi」モデルをフリーネーム制（「nagomi」または自社ブランド）で展開してもらうというものです。

私たちは首都圏の主要都市で「nagomi」ブランドで店舗を拡大することに成功しましたが、地方都市ではまだ事業拡大には至っていません。地方都市は、既存事業者のブランドの影響力が強く、新規ブランドでは浸透しにくいという実情があるからです。

「nagomi」ブランドは言うまでもなく私たちの事業の象徴ですが、最大の目的は介護予防事業を全国に普及させることです。そのためには地方の既存の事業者のブランドで広めていくほうが有効な場合もあります。私たちがフランチャイズ展開を考えた当初、異業種からの参入を想定していたこともあり、徹底した標準化は絶対的な条件ととらえていました。しかし、加盟店が拡大していくと、三〇％以上の加盟店が同業者になっていました。

今後は、「nagomi」の介護予防事業をライセンス制によってさらに全国展開していく予定です。

おわりに

「野球で親に家を建てる」を目標に学生時代から野球一筋でした。野球で無理なら住宅会社、そして起業、という単純で根拠のない発想、行動を繰り返してきたのは、幼少時代から中学時代までやんちゃな私を常に愛情をもって支え、内職をして毎日働き続け、自分のしたいことよりも私に費やすことを優先してきてくれた母親のためでした。

苦労をかけた母親が六〇歳を迎え、初孫も生まれ、これからシニアライフを謳歌するという時に難病を発症し、介護が必要な状態になってしまったのです。今は、私も家族も現実を受け入れていますが、最初はなかなか受け入れることができませんでした。

今、思い返してみると、母の病気の進行と家族による介護の経験が、私の事業を大きく動かしてきたように思います。家の中の段差をなくしたり浴室の改修を行ったりとバリアフリーにすれば万事がうまくいくわけではなく、症状に合わせた改修や機能訓練が必要ということに気づくことができたのは、母を見ていたからで、その気づきが事業の方向性を決定づけてきました。

歩行が困難になっていく母のために家中に手すりをつけて歩けるようにし、低下していく身体機能を取り戻してほしいと運動することを勧めました。寝たきりになってからも、できるだけいくつもの選択肢を示して、どれがよいかあえて母に選択してもらいました。だんだんと何もできなくなる母を見ながら、人は誰しも少しずつさまざまな機能が弱っていくのだということがわかってきました。と同時に、人はたとえ身体が動かなくなったとしても生きようとする力があるということも知りました。

母のために介護事業を行ってきたのではないのですが、皮肉なことに、母の症状はいつも私の仕事より少し先へ進み、追いかけるような形で私の事業がつながっていったように思えます。

会社を設立して以来、何度か危機的な状況に陥ったこともありました。しかし、信念を貫いている人間に周囲からの支援がなくなることはないと私は確信しています。これまで厳しい状況を抜け出すことができたのは、どのような状況になっても私の姿勢を信頼してついてきてくれた社員のおかげであり、周囲の皆さんのおかげだと思っています。そして、どのような困難な状況になったとしても人には生き抜こうとする力があることを教えてくれた母のおかげでもあります。

私は介護の枠を超えた「健康的なシニアライフの創造」を具現化するために生まれてきたように思っています。すなわち、天職です。今後は、同業および医療関連事業等を行っている加盟店様と、ノウハウを結集し、新しい業態およびサービスを開発し、シニア世代のライフタイムバリュー向上に努めていきたいと考えます。

本書の執筆中、東日本大震災が発生し、多くの方がお亡くなりになられました。この度、被災された皆様には心よりお見舞い申し上げます。一日も早い復興を心よりお祈り申し上げます。

私たちは今、被災された東北地方の人たちに「nagomi」の運動プログラムを通じて元気になっていただくことはできないかと、インストラクターの現地への派遣などを含めて検討を始めました。設備投資も必要ないため、避難先や仮設住宅でも手軽にでき、みんなで一緒に動くことでコミュニケーションも生まれるはずです。

最後になりましたが、本書のために言葉を寄せてくださいました株式会社やさしい手代表取締役社長の香取幹氏、株式会社ピュアホームズ代表取締役社長の嶋田悟志氏にお礼を申し上げます。また、本書出版にあたりご協力くださった出版社の皆様に心より感謝申し上げます。

二〇一一年六月

小川　義行

著者略歴

小川義行（おがわ　よしゆき）

1971年埼玉県で生まれる。「野球で親に家を建てる」を目標に、埼玉栄高等学校、拓殖大学政経学部経済学科に進む。大学3年時肩の故障に伴い一度野球を断念、大学卒業後、大手損害保険会社に入社。半年後「肩を治してもう一度野球をしないか」とスカウトから話を頂き打撃投手として日本ハムファイターズに入団、退団後フリーターを経て大手住宅リフォーム会社に入社、全国No.1の営業成績を残す。1999年独立、イー・ライフ・グループ株式会社の前身であるテックオガワ株式会社設立、代表取締役に就任、現在に至る。

すべてのひとにハッピーシニアライフを
――介護予防のパイオニア　イー・ライフ・グループの挑戦

2011年７月20日　初版第１刷発行

著　者　　小川　義行
発行者　　林　　諄
発行所　　株式会社日本医療企画
〒101-0033　東京都千代田区神田岩本町４-14
神田平成ビル
TEL. 03-3256-2861（代表）
印刷所　　図書印刷株式会社

定価はカバーに表示しています。
ISBN978-4-89041-988-3　C3036